年収1,000万円以上の人に贈る

都市型不動産投資戦略

【改訂版】

不動産投資家
中せ 健

プラチナ出版

改訂版発刊にあたって

たくさんある書籍の中から、本書を手に取っていただき誠にありがとうございます。私は、中せ健と申します。読者の皆さんのほとんどにとって「初めまして」の存在でしょう。私は不動産会社を経営しながら、都市部を中心にした不動産投資を行っています。始めた経緯は序章に記載していますが、本書初版を出版した2021年9月当時で総借入額は法人25億円、個人ゼロ、年間家賃収入は法人が4億円、個人が1億円でした。そして「改訂版」を発刊した2024年9月現在、総借入額は35億円、家賃収入は7億円になりました。昔も今も不動産の最前線を走り続けています。

私はいわゆる著名投資家ではありませんし、これまで情報発信を行ったこともなければ、表立ってセミナーに登壇したこともありません。本当にちょっとした偶然、とある投資家との出会いから、他人（ひと）の不動産投資の相談に乗り、ごく小規模な不動産投資コミュニティを主宰する機会をいただきました。そして、私が20年以上にわたって行ってきた投資の方法を、こうして文章にまとめて公開することにしました。

私のお伝えするのは、失敗のない規模拡大を実現する投資法です。具体的には、都市部にある価値の下がらない物件・高稼働する物件を厳選して取得します。加えて私の強みは借入額の少なさ。市況に関係なく、どんな時代であっても融資を受けられることです。

そのためには5点バランスを重要視しています。また、いきなり都市部の好立地に高稼働する物件を取得するのは難しいですから、階段を一歩ずつ上るように、物件を入れ替えながら買い進めてきました。詳細は本文に譲りますが、「瞬間で成り上がる」「1円も使わず不動産投資で儲ける」ような魔法の手法でもなければ、「途方もないハイレバレッジを目指す」というハイリスクな投資でもありません。

なんの裏技もない正攻法です。ある程度の時間をかけて、地道に積み上げていく泥臭い道ではありますが、高い再現性があります。

なお本書でお伝えする投資法は、まったくの初心者では難しいかもしれません。目安としては既に複数棟を所有しているサラリーマン投資家、専業であれば年間家賃収入3000万円以上、もしくは100室以上の規模の投資家にお勧めです。

良い時代に不動産投資を始めて規模拡大したものの物件の稼働が悪い。

地方で高積算物件を買い進めているものの、このままでいいのか疑問がある。
築古高利回り物件だけを買い続けて融資が伸びない。
金利上昇に怯えている。

そんな方々にぜひ読んでいただきたいです。もちろん、投資に絶対はありませんし、投資手法には正解がいくつもあります。だから、私はあなたの投資手法が間違っていると決めつけることはしません。不動産投資を規模で判断する人も多いですし、私も世間的には大規模な投資家といわれますが、大切なのは規模ではなくて、その内容です。すでに成功している投資家でも、「膨らんだ借入を減らす」「古い物件を新しくする」「地方から都市部へ資産を組み替える」……これらを行うことで、あなたの不動産投資は劇的に改善され、さらにもっと伸びます。もし、あなたにお子様がいらっしゃるのであれば、「次世代が安心して引き継げるような物件にする」という目線で考えても良いかもしれません。

あなたの銀行評価は、問題はないですか？
人口減少が進んでいる中、現状維持で安心できますか？
時代は変わっているのに、いつまでも同じ投資手法ではありませんか？
金利上昇にも耐えられる財務状況ですか？　物件も耐えられますか？

ただ、同じことを繰り返して停滞しているのであれば、よりリスクの少ない、より良い投資を行えるチャンスがあります。本書が読者の皆さんにとって、成功の一助になれば幸いです。

目　次

第2章 融資が引けない理由は「自分」。現状を知って、より良い条件の融資を受ける

第3章 買うべきエリア

第4章 売るべき物件、買うべき物件の実例

第5章 安定的に満室稼働させるためには？

第6章 目指すべきゴール

図表作成　川田あきひこ　本文・装丁デザイン　井関ななえ

序章

ゼロからはじめて家賃年収7億円

定時制高校から鳶職を経て美容師に

私は宅建業の会社を20年以上、経営しています。一時は従業員が40人近くいましたが、現在の従業員は20人ほどで、会社をそこまで大きくするつもりはありません。仕事内容は売買・仕入れ・賃貸・管理・太陽光発電。それに海外不動産市場等も毎日意識しています。

長い経験はあるものの、最初からこの業界にいたわけではありません。不動産会社に勤めたのは22歳で、そこに至るまで紆余曲折がありました。

私は中学を卒業してから、定時制高校へ通いながら鳶（とび）職をしていました。厳密に言うと、普通高校から定時制高校に転校をしています。

非行に走ったわけではないですが、校則が厳しい学校だったため、息苦しく感じていました。加えて勉強が好きではなかったこともあり成績は悪く、生活態度も良くなかったので、先生から「君は退学したほうが良い」と告げられたときは、「それも仕方ないか……」と思いました。

ただし、そのまま中退するのは本意でなく、「それなら転校させてください」と頼みました。その後、2学年時で定時制高校へ編入すると、友人に誘われるまま鳶職として働き始めたのです。

私は卒業後も鳶職を続けるつもりはありませんでした。鳶職は建築現場の足場を組む仕事ですが、とにかく肉体労働がキツかったのと事故が怖かったのです。

転入した定時制高校には、たまたま美容師をしている同級生がいました。

仕事について聞いてみたところ面白そうなので、自分も美容師の道に進もうと決めました。美容学校へ通いながら美容院で働き、そこで実務経験を積んで国家試験にも受かりました。

ところが希望どおり鳶職から美容師に転職したものの、どうもしっくりきません。美容の世界は基本的に女性社会です。鳶職は男社会で、美容師は女社会。どちらも極端なところがあり、その人間関係にうまく適合することができなかったのです。

それに加え、美容師の仕事はどうしてもシャンプーや薬剤で手が荒れてボロボロになってしまいます。肌の弱い私がこのまま続けるのは困難だと悟りました。結局、美容師として働いた期間は学校を入れて3年程度です。

不動産会社勤務から2年で独立

私の地元は和歌山県で、大阪まで車で1時間程度かかります。鳶職時代は実家から大阪の堺市の会社まで通っていました。

それが美容師になると、美容学校が大阪市内にあるため通勤に不便です。そこで一人暮らしするための部屋を探しました。

その際に賃貸仲介でお世話になった不動産会社の部長と仲良くなり、「うちで働かないか?」と声をかけてもらいました。これが19歳のときです。ただ、当時は美容師として働いていたので断りました。

しかし、その部長とは私が3年間の美容師生活の中で、偶然に顔を合わせる機会が何度かありました。年に1回くらいのペースではありますが、駅前はもちろん、まったく関係のないところで偶然すれ違ったこともありました。そのたびに部長から冗談交じりに「いつ、うちの会社に来るの?」と話しかけられました。

そんなご縁もあり、私が美容師を辞めたタイミングで、部長に「働かせてください」とお願いしたのです。

趣味は不動産

その不動産会社は賃貸仲介が専門で、大阪市の平野区と北区で営業をしていました。そこでは、主に賃貸仲介の営業と管理、店舗責任者も経験しました。

営業マンは20人ほどいましたが、私は入社して3カ月で売上が1位になり、給料も増えました。ただし、休みは年に5日だけ。仕事が終わる時間も深夜12時を超えるなど日常茶飯事。まさに働き詰めの毎日でした。

その会社で2年ほど働き、私は24歳で独立します。

前述したとおり会社員時代は賃貸と管理の経験しかありませんでしたが、独立して1年後、お金を貯めようと競売物件も扱うようになりました。

競売（けいばい）とは不動産を担保にしてローンを組み、そのローン返済ができなくなると、債権者（この場合、ローンを貸した金融機関）の申し立てによって、地方裁判所が競売を行う制度です。

競売は入札式となり、裁判所が決めた期間内に入札を行い、最高価格を申し出た人と売買をします。

　今でこそ競売は一般の方も参加しているため割高になっていますが、当時は不動産業者だけでなく、反社会的勢力のような訳ありの人も入札していました。

　そんな状態でもあるので安く物件を仕入れることもできました。つまり、賃貸仲介と仕入れ・実需向けの転売を経験したわけです。

総借入35億円、家賃収入7億円の投資家

不動産投資は27歳から行っています。

単純な考えですが、たとえば賃料が1カ月100万円、ローン返済が40万円であれば、入居率が40％以下に下がらない限りプラスになります。それまで賃貸仲介の仕事をする中で、入居率40％の物件は見たことがないので間違いなく儲かると確信したのです。

その当時は「収益物件」という言葉もあまり聞いたことがありませんでした。また、新築のアパートローンはあったのですが、中古のアパートローンはなかったような時代です。

初めて買ったのは大阪府松原市の鉄骨造27室、駐車場2台、築9年で金額は約7000万円、利回り20％のアパート一棟です。

今の相場からすれば高利回りですが、当時はこれくらいの利回りの物件が普通に出ていました。とはいえ、「利回り」という言葉もなかったため、前述したように「家賃収入から月々のローンを返済するといくら残るのか？」という計算をして購入を決めました。

この物件を購入するため、銀行へ融資の相談に行ったのですが、私が何も知らない若造だったこともあり、担当者から「あなたは自分の家もないでしょ?」「まだ若すぎる」と門前払いを食らっています。

あまりに横柄な行員の態度にムッとしましたが、事実この時は賃料5万円の賃貸物件に住んでいたので言い返す言葉もありませんでした。

それでも、なんとかお金が借りられました。最初は頭金1000万円で融資6000万円を希望したのですが、それでは難しかったので、自己資金の負担割合を上げる提案をしたところ、頭金3500万円となったのです。

結局、3500万円もの資金を用意しなくてはなりません。これまでの貯金2000万円を自己資金として使うことにして、残りは運転資金で1500万円を借り入れ、なんとか約7000万円の物件を購入しました。

購入して20年経ちますが、この物件は今でも保有しています。この間に外壁塗装、共有部分のリフォームなどをして満室稼働しています。

こうして、念願の一棟目を購入した27歳から現在に至るまでの約20年間、大阪市内の人気の地域に物件を買い続けています。

現在の投資規模は個人・法人合わせて40棟700室、太陽光発電5000坪、海外の不動産もあります。総借入額は法人35億円、個人ゼロ、家賃収入は7億円です。

不動産投資では、よく「ゴール設定が大事」といわれますが、私はゴールとなる目標設定をしたことがありません。最近は、これ以上増やさなくても良いかなと考えており、規模拡大ではなく、むしろローンをなくしたいと考えています。

現在、個人・法人所有の家賃収入7億円のうち、約1億円をローンなしで所有しています。目標は、法人の総借入額35億円をゼロにすること。それを5年後には達成する予定です。

大宝ビル
アイフル

第1章

なぜ都市部の物件を買わなくてはいけないのか？

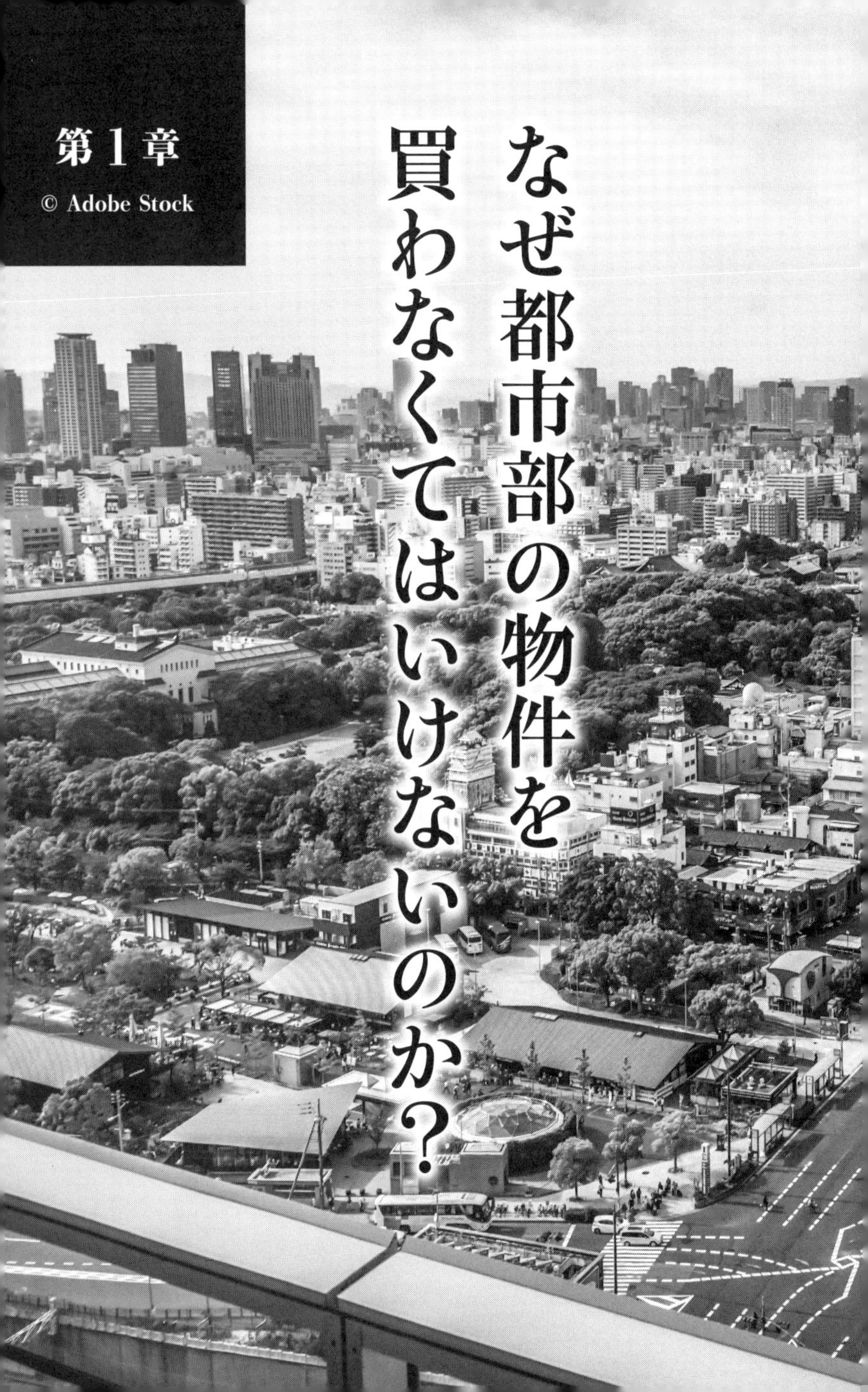

© Adobe Stock

人口が減少し続ける日本

第1章では、なぜ都市部の不動産を買うべきなのか。その理由を解説します。

周知のとおり、日本の人口は減少の一途をたどっています。

総務省が公表した『住民基本台帳に基づく人口動態調査』（2024年1月1日時点）によると、日本人は前年から約86万人が減少して約1億2156万人です。ただ、外国人が約32万人増えているため、差し引きすると約53万人の減少になります。

53万人というと東京都八王子市、兵庫県姫路市、栃木県宇都宮市などの人口が該当します。1年で中核都市分の人口が丸ごと消滅しているようなイメージです。またこの本を初めて出版した2021年時点では1年で30万人の減少でしたので、この4年でさらに追加で20万人の人口が減少していることになります。

そもそも少子高齢化が進む日本では、働く人材が不足しており、外国人労働者に頼っている現実があります。

厚生労働省による『「外国人雇用状況」の届出状況まとめ』（令和5年10月末現在）の外

国人労働者数の推移を見ると、２０２３年は約２０４・８万人。世界を巻き込んだ新型コロナウイルス感染拡大の影響を受けて、増加率は大幅に低下しているにもかかわらず、過去最高の人数を更新し続けています。

同調査の外国人労働者を在留資格別に見ると、最も多いのは「身分に基づく在留資格」（定住者（主に日系人）、永住者、日本人の配偶者等）を持つ人で約61・５万人ですが、伸びているのは「技能実習生」で約41・２万人です。

職業訓練の経費や賃金に対して交付される助成金もあり、新型コロナウイルス感染拡大前の２０１９年までは、外国人技能実習制度は農業や漁業、建設業やホテル、介護等幅広い職種で受け入れが増えていました。

コロナ禍において国をまたぐ人の動きが停滞していますが、日常が戻ればまた外国人による人口増も以前の状態、もしくはそれ以上に戻るのではないでしょうか。

このように人口増加を担う外国人労働者ですが、都道府県別にみると首都圏に集中はしているものの、島根県を除く46都道府県で増えています（『住民基本台帳に基づく人口動態調査』による）。

最も外国人が多いのは東京の約64・７万人。増加数の多いのは東京都・愛知県・大阪府と都市部に集中していますが、数万人単位の外国人労働者がいる都道府県も珍しくありません。

このままいけば、日本もアメリカのように多国籍国家になるのでは……と私は予測しています。

人口減少に関しては各都市によるバラつきが大きいため、一概に「すべての地方都市は人口減少が加速している」と言い切れません。それでも人口減少が進んでいるのは事実です。不動産投資をする場所はしっかり吟味しなくてはなりません。

仮想積算を信じて失敗をする人が続出

銀行が物件を評価する指標はいくつかありますが、代表的なものに「積算価格」があります。これは土地と建物から算出される数値で、土地の評価額は、「路線価」×「土地面積」で計算します。

路線価とは、宅地に接した道路に定められた評価額で、国税庁が土地の価格を道路ごとに決めて毎年発表します。

そのため、土地の評価には「どういう道路に面しているか」が重要となり、面積の広さや土地の形状なども影響します。傾向としては、都会の一等地のような場所よりは郊外の国道に面した、広い整形地のほうが積算価値は高くなります。

建物の算出方法は「建物延床面積」×「標準建築費」÷「法定耐用年数」×（法定耐用年数 − 築年数）です。

法定耐用年数とは法律で定められた建物の耐用年数です。実際には法定耐用年数を過ぎたからといって建物が使えなくなることはありませんが、銀行評価は著しく下がります。

建物の建築費はその構造によって「平米あたりの単価」が定められています。金融機関によって単価設定は異なりますが、RC造マンションのほうが評価は高く、木造のほうが評価は低くなります。

つまり、同じ1億円でも、都会であれば30坪程度の土地に小さな物件しか建てられませんが、地方に行くと100坪を超え、必然的にそこに建つ物件も大きくなります。銀行評価が高いほど、大型の建物となるケースが多いということです。

積算評価が高い、土地も広く物件も大きくて立派に見える物件をフルローン、中にはオーバーローンを受けて購入した投資家はたくさんいます。

不動産投資の妙味はレバレッジにありますから、少ない元手で大きな物件を購入できている、これらの投資家は成功しているような印象を与えますが、実は非常に危険な投資をしています。

そうした地方の大型RC造マンションを購入してしまうと、リフォーム費がかさんで致命的なダメージを被る可能性があるからです。

たとえば、都市部なら20平米、家賃6万5000円の部屋が、地方だと60平米、家賃

5万円になるケースもあります。これは、リフォーム費におけるコストパフォーマンスが約4倍違うことを意味します。特に外壁工事をする場合、都心部では1000万円なら面積の大きい地方は4000万円の費用がかかる計算になります。

また地方の大型RCマンションは、建物の施工面積が多い分、外壁の修繕費が高額になります。

そもそも地方だからといって、都市部よりも工事費が低くなることはありません。むしろ高くなる傾向があります。

というのも首都圏なら業者の数も多いので相見積り（あいみつ）をとって選択する余地がありますが、地方に行けば行くほどリフォーム業者の数は少なくなります。

それはリフォームだけではありません。建設業はリーマンショックの影響での廃業が相次ぎました。加えて職人の高齢化も進んでいます。それこそ、少子高齢化の打撃を受けている業界なのです。

リフォーム業者の選択肢が少ないと、競争原理が働かないので価格も下がりませんし、そもそもオーナーが選べる立場ではなくなります。

加えて地方になるほど客付けが難しくなりますから、管理会社に頼らざるを得ない状況です。そうなると地元の管理会社からの紹介で、割高なリフォーム会社にしか依頼できない……そんなことも珍しくありません。

すべての管理会社がそうでありませんが、遠方に住んでいるオーナーの物件に対して、不必要なリフォームを提案して、割高なリフォーム費用を請求するような悪質な管理会社もあります。

このような状況から地方物件を所有していて、多額の請求に悩まされているサラリーマン投資家は後を絶ちません。

融資が付くからといって良い物件とは限らない

金融機関は、エリアによって融資の可否を変えるケースがあります。購入時は融資対象のエリアだったとしても、後から除外されてしまったら売却ができなくなります。

たとえば、かつてのスルガ銀行は全国に対して融資に積極的でした。しかし、２０１８年の不正事件以降、不動産投資への融資は激減しましたし、融資対象のエリアを絞っています。そうなると、過去にスルガ銀行の融資が付いた物件であっても、現在はスルガ銀行からの融資が付きません。

スルガ銀行だけではなく、融資エリアが変わることはよくあります。このようなリスクがあるため、金融機関から除外されるようなエリアの物件は、そもそも買ってはいけないのです。

では、なぜ除外されるのか。

金融機関は融資を受けた投資家の決算書を毎年確認します。ですから、その地域の入居率も概ね把握しています。そして、各投資家の財務状況から「この地域で入居率が○％切ったら危険だ」という判断をされれば、そのエリアが除外されるのです。

これはどういうことかといえば、「金融機関が融資をしてくれなければ次の買い手がいなくなる」、つまり出口がなくなるということです。

最近聞いた話では、全国に融資を出していた外資系銀行も、今では「特急が止まる駅やターミナル駅から1時間以内しか貸しません」というように融資対象エリアを絞っています。


そもそも金融機関の融資基準は常に変化をしていくものです。

かつて日本政策金融公庫が20年の融資を出していた時代がありますし、今では法定耐用年数を絶対視する金融機関が、耐用年数を大幅に超えた物件に融資する時期もありました。

いずれにしても立地が良ければ内容の良い会社は条件は変わるものの、いつの時代も融資は付きますし、「この物件を買いたい」というニーズがあります。

すごく良い場所に関しては、相続税対策をする資産家や外国人投資家が購入し、積算評価、利回りが低くても気にしません。また現金投資を行う層もターゲットになるため、出口に困ることはないのです。

問題なのは、地方の積算評価の高い大規模なＲＣ造マンションを買った人です。

こうした物件は「融資が付くから買う」というサラリーマン投資家が主なターゲットです。融資が付かなくなってしまうと、誰も買う人はいません。そして、何も役立たないどころか、お荷物のような物件を子どもに相続しなければならないのです。

土地として売却しようにも、土地代よりも解体代のほうが間違いなく高くなります。もっと怖い話をすれば、そのまま放置しておくと廃墟になり、周辺住民から苦情が来ます。結局、解体せざるを得なくなります。

以前、山の上にホテルを建てるのが流行った時期がありました。しかし今では廃墟になり、肝試しに使われるお化け屋敷のような名所になっています。そのような状況にもなりかねません。

繰り返しますが、人口が減少すると、所有している物件のエリアがいつ融資対象外になるかわかりません。ですから、いくら安くてもそうしたエリアの物件を買ってはいけません。しかし残念なことに、そうした失敗不動産を買っている人は、すでに数多くいるのです。

買ってはいけないのは入居率が低い物件

特別なことをしなくても入居が決まる物件は存在します。

むしろ家賃が安く、入居付けのためにステージングなど、お金や手間をかけなくてはいけない物件は問題があるといえます。

たとえば、大阪をはじめ各都市で「生活保護者を無理やり入居させる」というような、いわゆる貧困ビジネスをしている管理会社があります。2018年に破たんした東京の新築シェアハウス「かぼちゃの馬車」も同様で、最近ではシェアハウスを生活保護者専門の住居として運用しているケースが見られます。

収益物件としてみれば、利回りの高さが魅力になりますが、無理な運営をしている場合、管理会社が倒産したらアウトです。そのような管理会社は貧困ビジネスに特化しているため、別の運用方法ができません。いくら価格の低い木造のボロアパートであっても、20室もあるような、大規模の物件ならダメージは大きいです。

倒産まではいかなくても、生活保護者に対する家賃扶助の金額が変わるケースもこれまで度々ありました。以前、大阪ではワンルームで4万5000円でしたが、現在は4万円になっています。

また、大阪府などは市によって生活保護を受給できるハードルが異なります。ある市は受給しやすいので各地から移住する……というケースもあります。これは全国的にいえることなのです。

生活保護者の家賃を家賃扶助の限度額いっぱいに設定している場合、普通賃貸の家賃相場より高いケースがよく見られます。

たとえば、生活保護者の入居者からの家賃が月4万円として、利回り13%で運用ができていたとします。しかし実際の家賃相場が2万円だった場合、頼れる管理会社がいなくなったり、生活保護のルールが変わったりすれば、利回りが6・5%に下落します。

このような事態となった場合、自分で埋める能力があれば、まだ利回り6・5%を得られますが、業者に頼り切りで埋められなければ破たんしかねません。

ここでは生活保護者を事例に挙げましたが、特定の賃貸ニーズに依存して場合は同様のリスクを抱えています。

ありがちな失敗例として、ある企業の城下町で投資をしたら、その企業が撤退して賃貸需要が激減したというケースがあります。

また、学生に依存した賃貸経営も、大学移転によって致命的なダメージを受ける可能性が高いので、事前に調査が必要です。

昨今は都心回帰する大学が増えているため、「大学があるから」という理由だけで郊外のバス便の場所に物件を持つと、大学が移転したときに借り手が見つからなくなってしまいます。

くれぐれも単一の需要に頼った賃貸経営は気をつけましょう。そして、やはり人口の多い都市部や地方都市の入居率は圧倒的に高く安全性が高いでしょう。

図表 1－1

【年間退去率を踏まえた利回り計算】

物件価格4億5,000万円

満室家賃収入3,600万円

築35年　店舗4件＋1LDK×30室

家賃10万円、年間退去10室　空室期間3カ月

空室10室×（家賃10万円×3カ月）＝300万円

3,600万円（満室家賃収入）－300万円＝3,300万円

3,300万円÷4億5,000万円×100＝**7.33**

考えるべきは「年間退去率」を踏まえた利回り

いわゆる田舎ではなく、人口がある程度の町であっても注意が必要です。

購入時に留意したいのは「年間退去率」です。これは、私のつくった過去の退去率を数値化したものです。この数値を使って年間退去率を踏まえた利回りを計算してみましょう。

図表1－1の計算を行った結果、年間退去率を踏まえた利回り7・33％となります。

そもそも退去率が高いのか、退去が出た部屋が3カ月で決まるのか。そのあたりを見極めなければなりません。

特に注意したいのは地方の入居率の低い物件で、その地域で部屋を借りる人が減っているということは、前述したように金融機関はその地域に融資をしなくなる可能性があります。

不動産投資家の出口物件や情弱の投資家を狙った業者の売主物件では、売却時だけ満室にするような瞬間的高利回り物件も多くあります。

読者の皆さんもぜひ年間退去率を調べて、退去率を踏まえた利回りを算出してみてください。表面利回りと大きく差が出るかもしれません。

加えて、必ずレントロールを確認してください。近隣の家賃相場も調べて、相場以上の家賃で無理やり入居させていないか、1社が大半を借りている物件かもしれないので調べましょう。

高利回り主義の呪縛

個人・会社のバランスで異なりますが、利回り重視の投資法もお勧めしません。利回りだけを重視していると法定耐用年数をオーバーしたような、資産性の低い物件（銀行評価の低い物件）となりがちで銀行融資の幅が狭くなります。

都市銀行、地方銀行と取引をしたいのであれば、結局はすべて売るしかなくなります。だからこそ、利回りがそれほど高くなくとも、築年数がそれなりに残っている資産性が高い、遵法性がある物件も必要なのです。

それにもかかわらず、多くの人が利回りを最重要視しています。

関東でも関西でも、隣県の片田舎にある木造アパートに投資をする人たちは考え方がよく似ています。時代が良ければ、利回りは15～20％ほど、悪くても12％以上は出ているため、基準が高利回りだけに縛られてしまい、「10％以下はありえない!」と思い込んでいます。

高利回りには、それなりの理由があるものです。建物が古くてボロボロで修繕費用がかかる。それ以外では人口減少が激しい地域で空室率が高いなどもあります。

特に築古物件・地方物件だと、金融機関から見て評価ゼロ、つまり　家賃収入はあるものの資産としてカウントされず、「借入（負債）だけがある人だ」とみなされてしまう可能性があります。資産性がゼロで借入が5億円の状況は最低といえます。

このように利回りと資産性とのバランスを考えていないと、金融機関からの評価は得られないのです。

事例で解説しましょう。サラリーマン投資家のAさんは地方で築古の高利回り物件ばかり購入していました。ある程度、投資規模が大きくなったことから、築年数の浅い物件を買い増やそうと、物件価格1億円で、築3年、駅徒歩1分、利回り8％のRC造マンションを検討。地方銀行へ融資相談に行きましたが「貸せません」と断られました。

もちろん自己資金の比率を高めれば、貸してくれる金融機関はあるでしょう。しかし、Aさんは「極力自己資金を出したくない」と意思を曲げません。その結果、物件を購入することができませんでした。こうした思考は高利回り主義の人に多いです。

これが、私であれば「買う」「売る」「利益が出る」が実現できます。実際に、私はAさんが買わなかった物件を購入して後に利回り6％で売却、3000万円の利益が出ました。すなわちAさんは、3000万円の利益が出ることを知らずに、そのチャンスを手放してしまったわけです。

こうしたことに気づくにはマインドの側面も重要ですが、やはり自己資金も必要です。この物件では、自己資金３割、諸経費含め約３５００万円程度かかりました。

多くの投資家はいかにお金を使わず物件を購入するかを考えていますが、ある程度の自己資金を入れて購入することにより、担保が余るようになります。すると次に購入するとき、銀行評価で変わりますが、意外と少ない自己資金で済みます。

現状、地方高利回り主義であれば、所有物件の中で特に立地が悪い物件、入居率が悪い物件を売って現金をつくります。その現金を使って買い増しをしていけば、時間とともに残債もなくなって評価も上がり、私のように融資が受けられたうえで都市部、地方都市の儲かる物件を買い続けられるようになります。

これには段階を踏む必要があります。まず銀行に好まれる決算書をつくること。そのうえで、どのエリアで、どのように買うべきか知る必要があります。そのノウハウについては次章から詳しく解説します。

家賃の低い部屋もNG!

高利回り物件への補足となりますが、いくら高利回りであっても、また銀行評価があっても、家賃の低すぎる物件を購入するのはリスクです。

そもそも単身向けワンルームで3万円以下の家賃の物件は、投資対象にならないと考えています。

家賃の低い部屋は全国あちこちにあります。

東京都23区内で3万円はなかなかないと思いますが、埼玉、千葉、神奈川など東京の通勤圏内ならあるはずです。大阪でいえばエリアは限られますが、市内でも家賃3万円を切るエリアが存在します。

3万円以下はできるだけ手を出してはいけません。また、2LDK~3LDK（50平米以上）で家賃5万円以下の物件も避けたほうが良いでしょう。

それ以上のファミリー物件なら最低家賃は6万円です。地方だと、ファミリー物件を家賃5万円程度で貸しているケースはよくありますが、投資としては正解とはいえません。

なぜ避けたほうが良いのか、その理由は経費とのバランスです。入退去時に必要になる原状回復工事（部屋を元の状態に戻すリフォーム工事）や、ちょっとした修繕でも10万円程度はかかります。リフォームの度に3カ月以上の家賃が吹き飛んでいたら、全体の収支は微々たるものになります。そこまでのリスクを負って投資する価値はありません。

この基準は全国共通です。もし基準を下回っている物件を持っていたら、すぐに売却することをお勧めします。

なお都市部の物件は、地方に比べて土地が高い分だけ広い部屋が少なくなります。つまりリフォームの施工面積が少ないのです。

さらに地方の物件と比べて入退去の頻度が減るため、リフォームの回数も少なくなります。その結果、経費が大きくかかりません。

特定の投資手法にこだわると視野が狭くなる

ここまでいくつかの「やってはいけない不動産投資」について述べましたが、特定の投資手法にこだわっている人は多くいます。

たとえば、同じ高利回り主義でも、地方ではなくて都市部の違法建築の物件をとにかく安く買って、利回りだけで勝負する人もいます。

それを売って資産性の高い物件を買うこともなく、高利回りだけの物件を買うことしか考えていないため、視野が狭くなっているのです。

たしかに、一つの投資手法に特化すれば、それが得意になって「負けにくくなる」というメリットもあります。しかしその考え方では、いくら優良物件が目の前に表れても、「自分の投資手法ではない」とスルーしてしまう可能性があります。

不動産投資に絶対的な正解はありません。

区分マンション・戸建て・アパート・一棟・店舗ビル・ビルなど、それぞれに長所と短所があり、どんな投資手法でも成功している人はいます。

つまり、何が良い・悪いというわけではありません。その中でどのような物件を購入するのかが大切なのです。

大半の人は、それを知らないため「規模拡大は難しい……」とあきらめてしまいます。思い込みで自ら視野を狭めてしまうのは、もったいないではありませんか。

逆に、幅広い目線で投資をしている人のほうが儲けられる確率は上がります。

10物件あって1物件しか見ていないのと、9物件見ているのとでは、当然ですが後者のほうが選択肢は広いですし、それだけ利益が上がる可能性も大きいわけです。

少々難しいことを言っているかもしれませんが、これは重要な考え方なので理解いただきたいのです。

家賃収入が数千万円規模の投資家が、数億円規模に進むきっかけを聞くと、ほとんど物件を売却して買い直したタイミングです。具体的には「築古の高利回りアパートを買っていた人が売却して資産性のある物件に入れ替えた」などです。

ただ、それが正攻法とわかっていても、それまで利回り14～15％だった人が、10％以下に下がることもあり、なかなか踏み切れないという葛藤が出てきます。

それでも、そこを乗り越えない限り先には進めません。

たとえば、同じ再生でも1戸が数百万円程度のボロ戸建て投資など、ロットが小さければ利益率が高くないとやっていけません。

また、こうした戸建て投資では現金だけを使って投資する人もいます。その場合、リスクは低いかもしれませんが、スピードが著しく遅くなってしまいます。

これが、そこまで高利回りでなくても、ある程度の規模の物件を買って母数を増やせば、そこまで利益率が高くなくても良い物件は稼働が安定していますし、規模のスピードが圧倒的に早くなります。

融資が受けられない属性であれば、戸建て投資からコツコツ進めるのも一手ですが、せっかくレバレッジを効かせられるのに実行しないのは、チャンスロスと言えるのではないでしょうか。

自分の中に「答え」はあるのか？

自分が何をすべきか、その答えをわかっていない人も多くいます。例として「規模を大きくしたいのか」「小規模のままで良いのか」といった目的が、自分の中で整理できていない人です。

小規模の投資で良ければ、日本政策金融公庫の有担保枠４８００万円、無担保枠２０００万円の範囲で物件を売買していくという選択肢もあります。もし特定の投資手法に強いこだわりがあり、それが自分にとっての「答え」であるのなら、そのままでも良いとは思います。

私の知り合いにもそうやって小さな戸建てやテラス（関西にある連投式長屋の１室）を、とにかく安く購入してはＤＩＹをして再生する投資家がいます。

その人は自分で内装工事をできるのが強みです。自ら率先して動くので利益率を押し上げています。これがリフォーム業者に任せていたら利益は出ないでしょう。つまり、自分自身が業者となって、経費を自分の時間で出しているわけなのです。

また、ＤＩＹもどんどん慣れていくので、１軒目よりは80軒目の内装のほうが上手になるメリットもあります。

ここで重要なのは「お金」か、それとも「自分の時間」なのか。言い換えれば「自分がどうしたいのか」ということです。そして、「自分の時間を使って、規模を求めない不動産投資をしたい！」というのであれば、これは大正解です。

私自身のゴールは序章でも書いたように「借入ゼロ」です。

多額の借金に対してメリットはあまり感じられず、むしろ借入ゼロが最強だと考えています。借金ゼロであれば、売ることもできますし、家賃も入りますし、地震でそのすべてが倒壊しても破たんすることはありません。

すでにある程度の投資規模に達している方で、借入の多い方は、この目標を設定してはいかがでしょうか。

借入ゼロが極端であれば、借入金額の借入当初の30％に減らすのが最強かもしれません。家賃が５億円で借入45億円だったら、借入15億円なら良いということです。この場合、債務償還年数が３～４年になります。

債務償還年数とは、金融機関が重視する指標の一つで返済能力を数値化したものです。

債務償還年数＝（借入金の残高－運転資金）÷（税引後利益＋減価償却費）

この償還年数は短ければ短いほど良いとされています。その目安は金融機関によって変わりますが、一つの目安として20年以内、可能であれば15年以内とされているため、5年、10年になると、金融機関からの評価が良くなり融資が出やすくなります。

たとえば、「20億円のビルが欲しい」と言っても借りられます。20億円で利回り10％なら、家賃は2億円です。2～3億円の物件の話が来ると、「小さな物件だな」と思うような人はたくさんいます。驚くかもしれませんが、そういう世界です。

誤解しないでいただきたいのは、規模拡大だけが不動産投資ではありません。しかし、あなたがステージアップしたいのであれば、こうした考え方が求められます。

数百万円の戸建てや区分マンションからスタートしたら、最初は1億円でも高く感じますが、次のステップが数億円以上になっていきます。にもかかわらず、大半の人は1億円のハードルで止まっています。

しかし、いくつかの物件（場合によってはすべての物件）を売却して入れ替えを行い、返済比率を30％に下げて、借入金額も減らして債務償還年数を短くすることができれば、もう無敵です。

その後に物件を増やすこともできますし、規模は維持したまま借金だけを減らすということもできます。増やすと言っても半端な数億円といった増やし方ではなく、10億円、20億円が買えるようになります。

10億円、20億円はさすがにイメージを抱きにくいかもしれませんが、いずれにせよ、ずっと同じ規模で、同じような投資をしていては金額に対する感覚は変わりませんし、視野も広くなりません。

ステップアップのためには売却が必須です。しかし、売却すると家賃収入が減るため、一時的に規模が縮小して不安になるかもしれません。しかし、それは誰もが通る道です。むしろ、そこを通るのが規模拡大の最短ルートなのです。

将来売れる！　ゴミにならない

結局のところ、どの地域の物件を買うべきか。その答えはただ一つ「都市部」です。私の定義する「都市部」には幅があります。詳しくは第３章で解説しますが、東京の丸の内や銀座、大阪の梅田や難波だけを指しているわけではありません。

賃貸ニーズがあり評価の高い物件を選べば、常に売ることができて、ゴミにはなりません。つまり廃墟になったり、融資が付かなくなって売却できなかったりすることはありません。

前述したとおり、地方は将来的に著しく人口が減ることが予想されるため、病院や金融機関、スーパー、コンビニといった生活利便施設などが撤収し町が成り立たなくなる可能性があります。北海道の夕張市のように財政破たんする都市がもっと増えるでしょう。

そこまでの事態にならなくても、これまで融資が付いていた地域が、将来的に付かなくなる可能性はあります。なんとか融資付けができたとしても、地方物件は出口が限定されます。融資ができなくなった地域の物件は、致命的なのです。

しかし都市部の物件なら、築年数を経た古い物件でも問題なく売れます。

その理由は「立地の良い土地」だからです。たとえば土地値が1億円で売却できるとしましょう。いくら建物がボロボロでも使っていなくても需要はあるのです。土地価格と解体費用のバランスも考えてください。

ですから、融資が閉じている時代でも、世間一般で不景気だ……といわれる状況であっても普通に売れます。なぜなら、都市部であればマイホーム物件であっても、アパート・マンションであっても、ビルであっても何らかのニーズが必ずあるからです。

コラム

国内の観光地への投資

地方の物件は買わないほうが良い。基本的に私はそう考えていますが、地方都市でも観光地や開発のかかっている地域であれば別です。

日本には美しい自然を織りなす四季があり、物価も低く、清潔で安心安全、そのうえ食事が美味しい……つまり観光資源が豊富です。

日本にとって観光は国策です。43ページの訪日外国人旅行者数の推移のグラフ（**図表1－2**）をご覧ください。

約8年に及んだ第二次安倍政権への評価はさまざまですが、その成長戦略の一端を担ったインバウンドでは、コロナ禍までの訪日外国人旅行は、人数、消費額とも約4倍に増加という大きな実績を残しています。

『日本人の勝算』や『新・生産性立国論』などの著書を持つ在日イギリス人の経営者デービッド・アトキンソン氏は訪日観光客を「短期移民」と定義づけており、移民ではなく短期移民の誘致に注力すべきと提言しています。

訪日外客数のベスト3は中国・韓国・台湾ですが、特に隣国の韓国からの訪日観光客は、2023年約700万人と過去最高を記録、訪日客全体の3割を占めています。

中国人の海外旅行者数は所得の向上や受け入れ国側のビザ要件の緩和などに伴って伸びており、中国出境游研究所（COTRI）によれば、2023年の中国人海外旅行者数が8700万人に回復し、2024年には1億3000万人に達すると分析されているそうです。

それでも、13億人もの中国の人口からみれば、総人口に占める割合は依然低く、今後の拡大の余地がまだまだ大きいと見られています。

このようなデータから、インバウンド需要は近い未来に戻るでしょうし、その伸びしろは大きいと考えています。

ちなみに、具体的な地名を挙げれば、東京・箱根・富士山・名古屋・京都・大阪という日本の人気5都市を周遊するルートは、外国人観光客が訪れる日本の王道観光ルートで「ゴールデン・ルート」と呼ばれています。

また、東京〜金沢間で新幹線が開通したことにより、愛知県・岐阜県・富山県・石川県を南から北へと縦断する昇龍道（ドラゴンルート）という観光ルートもできました。

図表 1−2

訪日外国人旅行者数の推移（万人）

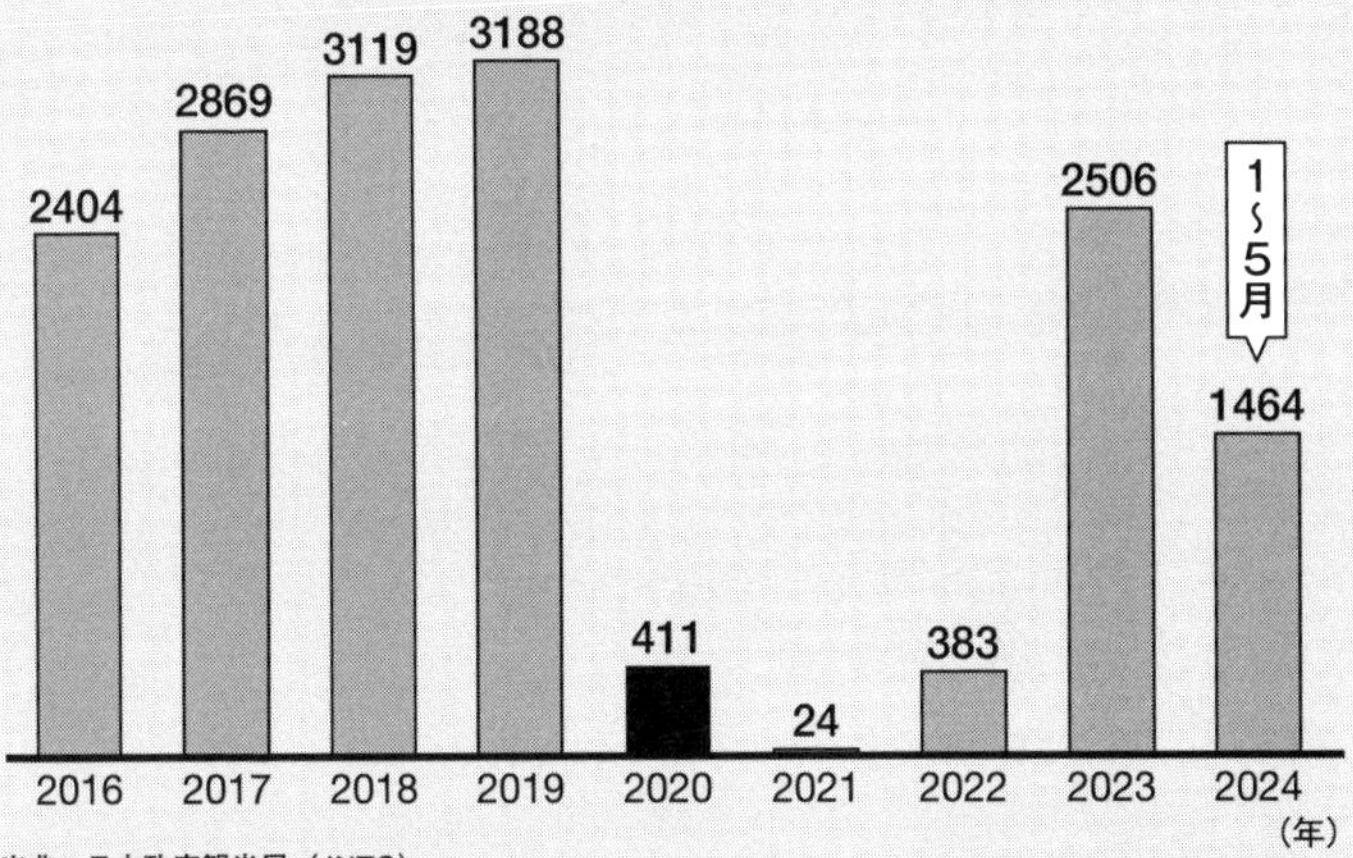

出典：日本政府観光局（JNTO）

そのほか、北海道のニセコ、三重の伊勢神宮、広島の宮島、沖縄といった観光地も人気があります。

そうしたところは住居とはまた違った強いニーズがあると考えます。

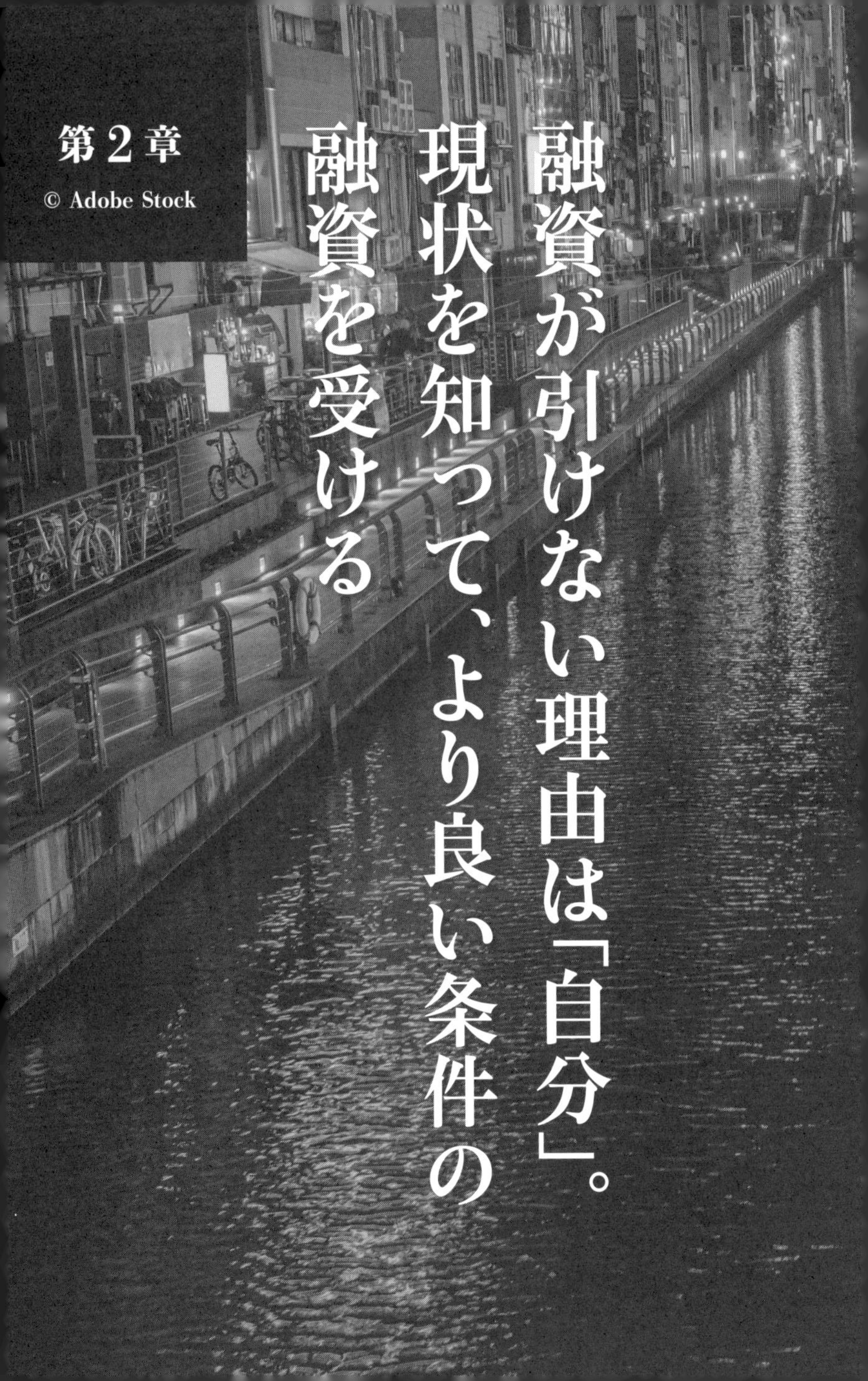

第2章

融資が引けない理由は「自分」。現状を知って、より良い条件の融資を受ける

自分が立っている位置は？

とある地方の大家の会に顔を出したときの話です。

私と同じくらい家賃収入がある人は、決まって借入額が70億円ありました。そのとき私の借入は35億円ほどだったので驚かれました。そこにいる人たちは皆、「家賃収入が7億円あったら、借入70億円は当たり前」だと思っています。

「規模が大きすぎてイメージができない」という人は、一桁外して考えてみてください。家賃収入が7000万円あったら借入7億円です。

家賃収入が7億円もあれば、余裕があるように見えるかもしれませんが、しかし現実には、そんなに残りません。

不動産投資を進めるにあたり、自分がどんな状態なのかわかっていない人は大勢います。たとえば、「金融機関と取引できない」「融資を断られた」「これ以上融資できないと言われた」等いろんな状況の人がいます。それには何らかの原因があるのですが、その内容を教えてくれませんし、金融機関によっても異なります。

また「融資が受けられるから物件を買う」、逆に「融資条件が合わないから買わない」という人が圧倒的に多いです。

しかし、本来であれば「今の自分の状態に合わせた物件を買う」というのが正しい考え方です。

それが融資ありきでの判断になると積算を求める結果となり、入居率が悪い・リフォーム代がかさむなど、結果的に利回りが低くなります。それなら土地値のある容積率オーバーでも良いので、利回りが高い物件を買うべきです。

とはいえ、利回りだけを追い求めるのもよくありません。人気のある中古アパート投資の利回りは非常に高いのですが、ほぼ資産性がないため融資付けが困難です。

なんとか1～2棟は買えたとしても、その後に買い続けるのは難しいでしょう。

そのような物件だけで増やし続けるのは無理があります。いずれにしても、自分がどの立ち位置にいるのかで買うべき物件は変わります。

また、金融機関から自分がどのように見られているのか、把握していない人も少なくありません。

自分が「都市銀行で借りられる状態なのか」、「地方銀行で借りられない状態なのか」もわかっていません。そのような状況で買い進めると融資が行き詰まり、途中で買えなくなってしまいます。

常に自分が求める理想の物件が買えれば良いのですが、現実はそう簡単にいきません。そうした中で「自分の状況では悪いとわかっていて買う」のと、「自分にとって悪いとわからないまま買い進んでいく」のとでは意味合いが異なります。

その結果、本当なら資産性の高い物件を買わなければならないタイミングであるにもかかわらず、利回り重視の物件を買ってしまったりするわけです。

銀行融資の基本

ここでは銀行融資における基本的な知識をお伝えします。知っていることも多いと思いますが、知らなければ把握しておきましょう。

【審査】

金融機関は個人・会社の内容を把握するために、すべての物件を調査し評価を出しています。調査内容は、バランス（資産・負債・収入・返済比率）、個人資産・税金滞納の有無も確認します。個人・会社の審査は約１カ月、物件の審査は約２～４週間かかります。

金融機関は時期により審査方法が違います。良い時と悪い時があるので、良い時に買えるように準備しましょう。できれば審査を受ける前に、金融機関と先に取引することをお勧めします。

【融資の限度額】

続いては融資の限度額です。この記載内容は目安です。内容が良ければ信用組合でも

50億円の融資を受けられるケースがあります。また、時期によっても異なります。金融機関も金融庁からの指示があるため、融資基準の要件が厳しくなったり緩和したりします。

信用組合　限度額　～5億円　　金利　2.5～5%　目安
信用金庫　限度額　～5億円　　金利　1.8～5%　目安
地方銀行　限度額　10～20憶円　金利　0.7～4%　目安
都市銀行　限度額　～20憶円　　金利　0.5～2.5%　目安
信託銀行　限度額　～40億円　　金利　0.3～2.5%　目安

【自己資金】

数年前の融資が開いていた時期にはフルローンやオーバーローンも珍しくありませんでした。今はある程度の自己資金は必須です。おおよその現在の目安は以下となります。

都市銀行　　基本20～30%
地方銀行　　基本20%

信用組合・金庫　基本20％

今後の予想としては、会社・個人・物件により異なりますが、価格の10～30％の自己資金が必要となるでしょう。評価が100％出ていても、実質の購入価格と融資金額は異なります。

たとえ積算・共同担保があっても、自己資金が必要です。今後は、都市銀行以外でも同様になっていくでしょう。入居率の低い物件（賃貸ニーズが少ない地域）は積算評価だけでは融資が出なくなってきています。

以前であればフルローン、オーバーローンをを組んでいる不動産投資家もいましたが、それも間違った考えだと思います。

融資は、いつか返さなければならない借金です。ただ大きな借金をするのではなく、現金を使って金利を安くしたり、期間を延ばしたり、次の物件の購入へつなげるべきです。

たとえば、1億円の物件を買って残債が2000万円に減ったとします。手元に現金4000万円があるとして、「現金を手元に置いたままにしておくのか」「2000万円を繰り上げ返済するのか」の選択肢があったら、私は繰上げ返済します。

そうして返済比率はごそっと減らします。もちろん全員が全員、そのやり方が正しいとは限りません。バランスを見ながらの判断が必要です。

【金利】

取引当初は金利が高くても仕方ありません。かつて私も4・5%で借りていたことがあります。そこから0・7%まで下げました。返済が進み残債が減り信用を得られれば金利を下げることができます。また、次の購入時で金利交渉ができます。

【共同担保】

共同担保は使い方次第です。期間・金額を増やせます。基本はたすき掛け（融資を受けた物件を別の金融機関の共同担保に入れること）をしてはいけません。共同担保は同じ金融機関で行いましょう。そうでなければ売却できない場合があります。

【金融機関の好む法人・個人】

次項で解説する5点バランスが整った会社です。5点バランスを整えれば限度額はありません。補足すれば、設立日の関係で借入できないことはあります。

基本的に資産管理会社であれば関係ありません。また個人の所得が良い場合は個人の延長と見なされ、個人の所得もチェックされます。

個人は右肩上がりであることが基本です。持ち家・年齢・結婚も重視されます。長期的なローンを考えると後継者がいたほうが良い、つまり結婚していたほうが良いとされています。

【返済比率】

返済比率は40%が理想といわれています。ただし、40%は厳しい水準となるため50%を目標とします。しかし「借入期間は短い」などといった理由があれば、60〜70%でも許容としますが、会社のバランスが悪ければ止めておいたほうが良いのが一般的です。過去には私もそんな時期がありました。

【繰上げ返済】

繰上げ返済は「やってはダメな技」ではありません。投資規模にもよります。

私の例でいえば、1500万円の残債のある物件を6000万円で売りました。売却することで年間800万円の賃料が減りましたが、売却利益を繰上げ返済に使い、ローンのない物件をつくりました。

分母こそ減りましたが、その分だけ**キャッシュフローが増えました**。他にもキャッシュフロー以外に何がプラスなのかというと、金融機関へのアピールです。

私はローンのない物件を持っています。つまりその物件を丸々担保に使えるのです。「私は1億円の物件を持っています。しかもローンがありません」となれば、たとえば次の5億円の物件を買うにあたり、1億円の評価が足りないときに先ほどの物件を共同担保として使えば、融資が出る可能性はぐんと高くなります。

ローンのある物件とない物件の大きな違いは、その物件の賃料収入からの支払いが全くないからです。ローンがないので、新しく購入した物件と共同担保に入れる物件の賃料を足されて計算されます。金融機関からすれば必然的に利回りは良くなるのです。

【借換え】

金利を低くするためだけの借換えは基本的にしません。借換えをするなら、金利を低くすることではなく、次の融資をしてもらえる金融機関に借り換えましょう。

この時に、評価が借入より高い場合はさらに効果があります。評価が余っている場合は、その余りを次の購入物件の共同担保に入れて購入できます。

銀行が評価するのは物件だけではない

融資の可否は物件単体だけではなく、会社の評価に応じて決まります。だからこそ、現状を知る必要があります。

「最近、融資が通らなくて物件が買えません。時代のせいですかね?」という相談をよく受けますが、それは間違った考えで、あくまで自分が悪いから融資が通らないのです。

銀行は法人の評価をランク付けしています。「○○さんの会社はBランク」「○△さんの会社はCランク」というイメージです。

関西の著名投資家Bさんは、地方の高利回り物件を買い求めていきました。高積算の地方RCマンションが好みです。

不動産投資をはじめた最初のころはサラリーマンで属性も良く、三井住友銀行や関西アーバン銀行（現関西みらい銀行）、その他の都銀や地銀から融資を受けていました。

ただ、同じことをずっと繰り返していると、だんだん債務超過になってきて、都銀や地銀からの融資が難しくなりました。銀行の融資姿勢が消極的になっている背景も多少はあるかもしれませんが、それだけが原因ではありません。

そのため現在は、信用金庫と信用組合で融資を受けて買っています。

中には、都心部で新築木造アパートを買った結果、債務超過で行き詰まる人もいます。なぜなら、あまりに一等地では銀行評価以上に土地値が高くなるからです。

大事なのは都心部でも銀行評価程度で物件が購入できる場所を選ぶことです。つまり、東京の銀座や大阪の梅田では買ってはいけません。一等地を買える人は、会社・個人のバランスが良い人に限られます。

Bさんの場合でいうと、それまで積算評価で評価が出ていた地方物件が、時代と共に評価されなくなった背景もあります。また、積算評価だけを重視していた金融機関が、収益評価を重視し始めたのも融資が出にくくなった理由です。

10年ほど前、三井住友銀行は積算評価で全国どこでもフルローン、オーバーローンを出していました。しかし、今は積算評価だけではもう融資を出さず、収益評価も加味して判断します。これは地方も都市部も変わりません。

むしろ地方のほうが家賃は低く空室率も高いため、収益性を計算した場合は低くなる可能性が高いです。

金融機関の評価は、必ず積算・収益・地域を見ます。

その比率が時代によって、もしくは金融機関の特徴によって変わります。そのため、10年前なら良い評価を得て買ったとしても、今は反対に地域などがダメで売れない……という事態になるのです。

Ｂさんはいわゆる著名投資家で資産規模が大きいため、良い条件で融資を受けているようにも思えますが、現在の金利は３・５％だそうです。しかも満額融資ではありません。

ちなみに先ほどお話ししたとおり、地銀と信用金庫・信用組合には融資限度額がありますが、決算の内容が良い場合は、限度額を超えて融資を受けることができます。

中小企業は業績が好調で大手になるほど、取引先の金融機関が変わります。

具体的には信用金庫 → 地方銀行 → 都市銀行の順番に借りています。信用金庫で借りていて枠がいっぱいになると、地方銀行にいきます。地方銀行の枠でもいっぱいとなれば、都市銀行にいくわけです。

たとえば出世魚のようなイメージです。これは事業融資の考え方ですが、不動産の融資でも同様です。つまり、取引金額が上がれば融資が止まるのは至極当然のことなのです。

とはいえ、前述したように内容が良ければすぐに突破できます。

私の場合ですと、地方銀行からは最初に「限度額は10億円」と告げられましたが、現在では20億円以上を借りています。

そのため、おそらくBさんは決算書の内容が良くないのではないかと推測します。Bさんは不動産投資以外の事業もしていますから、その事業を加味して判断されているのかもしれません。

Bさんは現在、売却を進めているようですが、規模が大きすぎるため追いついていない印象があります。かつては地方の中古RCマンションを中心に購入していましたが、最近は今流行りの新築RCマンションを複数棟建てているそうです。

おそらく何でも良いから売れる物件をつくり、すぐに売却して利益を出して補填したいのでしょう。それくらい厳しい状況に追い込まれています。

Bさんの借入額は50億円程度ですが、なぜ立地を重視せずに地方ばかりで買い進めたのかといえば、単純に「融資が出るから」です。

不動産投資を始めた時代が良い人ほど、高利回り主義に走る傾向にあるようです。前述したとおり、まさに呪縛のようなもの。規模は違いますが、高利回りのボロアパートのみを購入される方と変わりません。

このような人ほど「最近、融資が付かなくて買えないです……」と嘆いていますが、原因はその人自身にあります。金融情勢も多少は関係していますが、その人にも必ず問題があるはず。融資ではバランスがとにかく重要です。そのことを覚えておいてください。

5点バランスを整える

銀行融資において、法人では「ＢＳ／バランスシート」「ＰＬ／損益計算書」を見て会社の評価を決めています。この二つを良くすることで融資が受けられる状態になります。

そのためには5点バランスを整えるのが最重要事項です。

5点バランスとは、次の5点を指します。

- **返済**
- **負債**
- **資産**
- **収入**
- **売却**

この5点を整えることで、会社のバランスシートが良くなります。整っているとどんな状態なのかといえば、次の計算ですべてがプラスな状態です。

- **資産（積算評価）ー負債**
- **売却（売却価格＝実勢価格）ー負債**
- **収入ー返済**

では、具体的にどのようにすれば良いのか解説しましょう。

①資産（積算評価）ー負債

まず、資産ー負債を計算します。資産ー負債でプラスになる人はほぼいません。本来の目的はそこをプラスにすることですが、最初からプラスでいるのは難しいので、これはあくまでも目標とします。ちなみに3％ぐらいの人はいます。

よくあるのは、ゴールがまったく見えないのに、そのまま突き進んでいる人です。

まずは数字を把握してマイナスを減らすことを目標にします。そのためには、物件をいったん売る検討もしましょう。投資規模が大きくない人は、資産が大きく減ってしまいますので、また購入しなおす際はプラスにできる状況へ持っていきます。

②売却（売却価格＝実勢価格）－負債

ここでいう売却は、あくまで計算上で実際に売却しなくても大丈夫です。売却価格＝実勢価格が負債よりも高いのが重要です。それを金融機関に伝えることで、彼らからの印象が良くなります。

この売却－負債はプラスですが、負債と資産という意味合いではマイナスになるので銀行評価が下がります。そのため融資条件の良い金融機関と取引ができないのです。「利回りが10％で金利３％と、利回り８％で金利０・６％。どちらが良いですか？」ということです。

③収入－返済

収入から返済を引いた金額を確認しましょう。ここではよほど空室が多かったり、修繕にコストがかかったりしていなければプラスとなります。

返済比率は前述したように50％が目安となります。家賃収入５０００万円、ローン返済２５００万円が返済比率50％ですが、ローン返済４０００万円で返済比率80％の場合は改善が必要です。多少は場所が悪くても、返済比率が低い物件を購入することです。そのほか残債の少ない物件の繰上げ返済をするのも一手です。

この5点バランスの計算が良くなれば、法人の評価も上がります。

負債5億円、資産3億円、家賃収入5000万円、ローンの返済比率50%の場合は、資産のマイナス2億円をリカバリーするべきです。この場合、次に購入するのは積算評価の高い物件となります。

このように評価と負債で、負債が多ければ評価を増やします。家賃が1億円、借入10億円、資産7億円くらいのバランスです。資産は借入より3割程度少なくても問題ありません。

なお5点バランスを整える方法は、物件の売買だけではありません。改善の一つの目安として給与所得もキーとなります。

給与所得が2000万円あるとします。そのうち700万円が生活費、そのうち1300万円は万が一のときにローン返済に充てられると金融機関は見ています。だからこそ安易に会社を辞めてはいけません。

給与2000万円というのは、1300万円程度の支払いのない物件を所有しているのと同等に見てもらえる可能性があるのです。

利回りの場合は考え方が二つあり、購入したときの利回り、残債に対しての利回りがあります。残債に対しての利回りを最低10％にします。この場合、時間が味方になります。きちんと稼働して家賃収入を得ることができたら、自分の欠点となる部分を埋めてくれる物件を買いましょう。

中には、個人を全く成長させず、法人ばかり大きくなっている人もいます。しかし、法人だけ大きくなり、個人は物件ゼロで役員給与も少ない状態では明らかに不自然です。

私の提唱するバランスシートは、物件の詳細・収入・借入金額・返済比率などを記載しています。これを見ながら、「次はこの評価の低い物件を売却する」「その次は評価の高い物件を購入する」などシミュレーションをして、会社・個人のバランスを整えています。

むろん、これはあくまで一例です。もっと言えば、「積算だけ高い物件を持っていて利回りが回らない。この場合は、物件が古くても利回り重視の物件を購入する」などの方法を取っていきます。

いずれにしろ、会社・個人のバランスを整えないと金融機関から見放されます。

サラリーマンは会社を辞めてはいけない！

私はサラリーマンを辞めないほうが良いと考えます。

「会社を辞めたら不動産投資で成功できない！」と言い切るわけではありませんが、働いているほうが金融機関には良く見られて購入しやすいと言いたいのです。

ただ、どうしてもサラリーマンを辞めたい人は、自分の立ち位置をしっかりと把握してください。

あるいはすでに辞めてしまっている人もいるでしょう。その場合、給与700万円ほどで設定しても、会社がビクともしないくらい利益が出ているのなら問題ありません。

利益がそこまで出ていない状態でサラリーマンを辞めて、その後の買い進めで苦労した人も大勢います。

よくある間違った考え方は他にもあります。

セミナーなどで見かける初心者サラリーマン投資家は、いつの時代もみんな「キャッシュフローを月100万円、年間で1000～1200万円」を一つの目標にしています。

この金額はサラリーマンからすれば十分に思えるかもしれませんが、実際はかなり脆弱な規模です。それを知らないと、辞めたあとに「こんなはずではなかった……」と後悔することになりかねません。

自分の年収が高ければ高いほど、その補てんがない限り、あなたの属性は落ちてしまいます。

たとえば、法人の利益が1000万円、個人の所得が1000万円の人がいるとします。この場合、銀行から見ると、「1000万円の給料収入があり、会社の利益は1000万円、合計2000万円あるのですね」となります。

しかし、ここで会社を辞めたらどうなるでしょうか。

たとえば、法人から給料700万円支給するとします。すると、会社の利益は300万円になります。つまり、今まで給料1000万円、法人利益1000万円あった人が、給料700万円、法人300万円になるのです。

会社の利益がほとんどない、決算書は右肩下がり、借入額はそのままで決算書は悪くなり、個人所得も悪く、どうすることもできない状態に陥ります。

そうなった場合、金融機関はあなたにお金を貸すでしょうか？　答えはもちろんノーで

図表 2

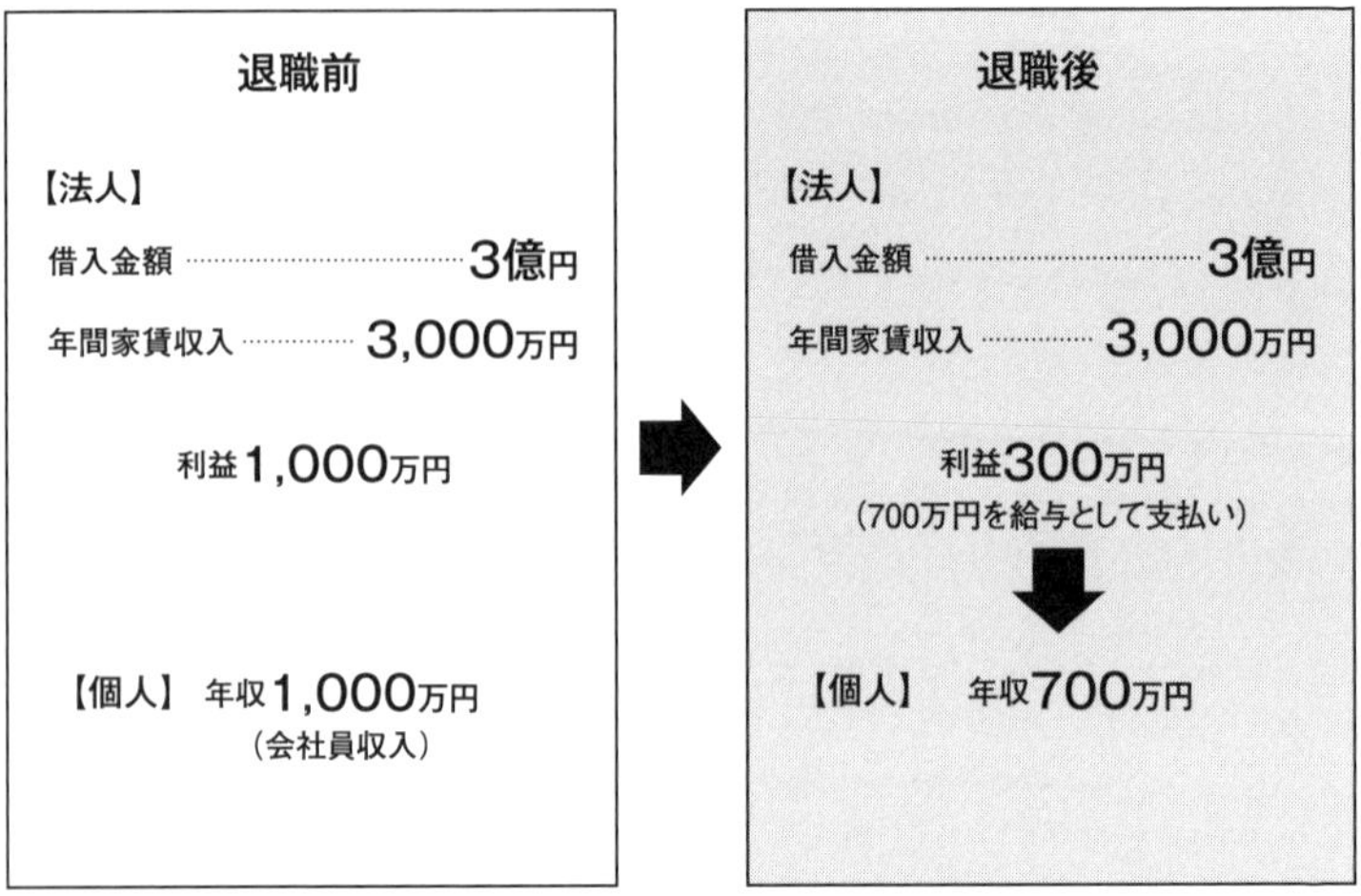

す。

経費を引いた後の利益が１０００万円出るのは、家賃３０００万円くらいとして３億円程度借りていることになります。

３億円を借りているのに、たった利益３００万円しかない会社になってしまうのです。

計算してください。金融機関からすれば、３億円の投資で利益率は１・０％です。

会社と個人の両輪で「融資への道」が開ける

「会社を辞めたのだから、家賃収入を上げて利益を増やしたら良いじゃないですか？」と疑問に思われる人もいるのですが、そもそも辞めたら融資を受けにくくなるため、簡単には利益を上げられません。

そうした人に対して、私は「会社からお金を取らないようにするためには、個人の購入が必要です」と説明しています。そうすれば個人の所得を作ることができるからです。

よく「法人は1円でもプラスにしなさい」と言われています。つまり「赤字でなければ良い」という考え方です。

しかし、それはサラリーマンを辞めたときの状況を考えていません。

サラリーマン投資家は、なぜか辞めたときのことはキャッシュフロー（実際に流れているお金）だけに注目しがちで、決算書をどう見られるのかを考えていない人が散見されます。

また、個人事業に対する知識の浅い人が多いです。「青色申告には55万円控除がある」くらいしか理解していません。

ちなみに私の確定申告は白色申告です。白色でもお金を借りられないわけではありませんし、白色だから属性が悪いというわけでもありません。結局のところ内容を見られるので、内容が良ければ白だろうが、青だろうが関係ないのです。

繰り返しになりますが、それなりにキャッシュフローが出るようになったサラリーマンが会社を辞めたいと思ったとき、最も良いのは「辞めないこと」です。

どうしても辞めたいのなら、個人の給与に替わる所得をつくる必要があります。そして、法人を傷つけないだけの自分の属性を用意しておきましょう。このときの個人所得の基準は700万円以上が目安です。その理由は、生活ができる金額と会社に何かあったときの貸付ができる状態なのかです。あくまでも所得なので、売上はもっと必要です。

また、700万円といっても、キャッシュではないので減価償却もあります。個人で木造物件などを持っていると、減価償却がどんどん流れていくので税金対策をせずによくなります。

融資審査の際には、会社決算書に加えて、社長の確定申告の提出が求められます。

金融機関も審査の内容は変化します。それに対応できる状態を作る必要があるということです。

今までは、個人の申告は低くても融資をしてくれる金融機関もありましたが、基本的に景気が悪くなればなるほど審査基準が厳しくなっています。それを乗り越えるためにも個人の収入が必要になります。

いくら物件が良くても、個人の所得は必ず見られます。そもそも、そんな良い物件ばかりあるわけがありません。

ただし反対もあり得ます。つまり、個人が良いと会社の数字が悪くても融資が受けられるのです。年収３０００万円、５０００万円の高属性サラリーマンが物件を買えるのはそのおかげです。

地主は現金がなくても融資を引けますが、もともと資産家なのです。そして、相続税対策で合同会社などの分身をつくっています。彼らの決算書を見れば、資産の状況や、あえて赤字を出していることがわかる根拠があります。

しかし、普通の投資家はそうではありません。赤字にする意味がないのです。

ちなみに私の場合、個人に借入がないですし、３社ある会社もすべて黒字なので完璧な状態です。

そう話すと、「税金が大変なんじゃないですか？」と思われるかもしれません。しかし繰り返しになりますが、税金を払うことにより前に進めるのです。納税は「入場券」です。

その場で止まりたいなら節税第一で良いでしょう。すべて赤字にしてください。ただし、利益が出ているところを急に赤字が続くようになったら、すぐに税務署の調査が入る可能性は高くなるでしょう。特に難しいのが自分の会社を辞めるときです。

会社にお金がたくさんある場合、一気に個人にお金を移そうとすれば、税金が55％になるので、退職金やソフトランディングなどをしていくしか方法はありません。

節税対策で自分のクビを絞める投資家たち

融資が受けられない原因は他にもあります。読者の皆さんは、「旅費規程」をご存じでしょうか。

出張関連の旅費について取り扱いに関して定めた規程で、会社が自由に規定を決めることができます。法人のみに適用されるルールで、個人事業主には適用されません。

出張旅費規定を作成した場合、出張関連の旅費はこの規定に基づき会社から支給されることになります。そのため実費精算より手間がかからず、また規定金額によっては実費精算よりも節税効果が高くなります。

具体的には出張に行けば、出張費として会社から個人に現金を渡せるため、税金が一切かかりません。旅行に行けば行くほど、旅費・交通費の勘定科目がどんどん足されていくのです。

方法としては、役員給与を最低金額にし、旅費規程の日当や宿泊費を高く定めます。そして旅行にたくさん行きます。すると出張に行くほど、会社から個人にお金が流れます。

私の知っている投資家のＣさんは旅費・交通費で年間３０００万円ほど使っています。

旅費規程は金額を自分で決められるため、実際にかかったのは2万円であっても10万円で経費計上できます。

たとえば沖縄へ出張に行った場合、日当を10万円分と定めていれば、10万円を会社から個人に移せるのです。ただし、常識の範囲を超えて高すぎたらアウトです。

この方法はお金を持っている人が行う分には問題ありませんが、お金がない人が行うと決算書がボロボロになります。それなら役員給与を増やすか、普通に飲食などで経費を計上すべきです。

旅費規程で自分の個人口座にお金を残そうとした結果、会社の決算書の内容が悪くなれば、その時点で次から融資を受けられなくなります。

つまり、旅費規程には経費処理の手間を省き、節税ができる個人にお金を移すことができるメリットがある反面、あまりに多額の旅費になれば決算書の内容が悪くなるデメリットもあるのです。

しかし、そのような説明もせずに「税金対策になりますし、遊びにも行けますよ！」と、無責任に旅費規程を勧めている人がいますのでご注意ください。

その言葉を信じてしまい、決算書が悲惨な状態になっている投資家を見かけます。

以前、実際に旅費規程を過度に利用している人に対し、「なぜそんなことをしているのですか？」と問いました。そのときの回答は「やっても大丈夫と言われたから」というものでした。つまり、何も考えずに旅費規程を利用しているわけです。

たしかに、インターネットビジネスなど経費がかからない商売をしている人にとっては、ある程度の経費を使わなければ利益が出すぎてしまう……そんな側面もあるでしょう。

しかし、不動産賃貸業はある程度経費がかかる事業ですから、小細工をする必要はないのです。

サラリーマン投資家の場合、法人で経費を使えることをメリットだと考えている節（ふし）があります。とにかく「税金を支払いたくない」という気持ちが強いのです。

しかし、それは正しい考え方ではありません。

金融機関に良く思われたければ、税金を払う必要があります。税金を払うことでお金を借りる権利があると考えなければ、金融機関から悪く見られます。そこは両立できません。では、どちらを取るべきかと言うと、もちろん「税金を払う」です。つまり、税金を支払わなければならないのです。

税金の支払いという義務を果たすことで、融資を受ける権利が発生します。このルールを知らないのに「権利だけくれ！」と主張しても無理な話です。

繰り返しになりますが、いくら著名投資家が「旅費規程を活用しまくるべし」と勧めても、人それぞれです。むやみに信用してはいけません。旅費規程を利用して良いのは大金持ちであって、利益も出ていないし税金も納めていない人が旅費規程を使うと、銀行からマイナスの印象になるだけです。

普通に考えれば、決算書が悪い会社に銀行がお金を貸すわけがありません。その当たり前を理解していない人があまりに多いのです。

前期まで普通の決算書だったのに、急に役員給与が大幅に減って、旅費・交通費が大きく増えていたら、どう考えても不自然です。

これは、まさにタコが自分の足を食べるようなもの。旅行に行って美味しいものをたくさん食べられるかもしれませんが、それは自分の足を食べているだけです。気付いたら足がなくなって泳げない状況になってしまいます。

不動産会社との関係性も重要

「最近、仲介会社から連絡がなくなった」「資料もメールも来ないなあ」ということはありませんか？

不動産会社に悪気があるわけではないのでしょうが、物件が業者から届き次第、複数の金融機関を多数打診して、融資が降りるまでの時間稼ぎのため商談を引き延ばし「融資金額が購入希望金額に届かないので購入できません」と簡単に断る。この流れを繰り返している人はいませんか？

不動産業者は売側・買側業者との間で頻繁に状況説明・契約延長の話、金融機関変更の度に融資担当者との打ち合わせ・物件資料のやり取りをするなど、裏側ではたくさんのやり取りを行っています。

そんな中、最終的に買主さんから「やっぱり無理でした」と、簡単に電話一本で買付解除されると、すべてが無駄となります。

買側業者は頭を下げに売側業者を訪問し、売側業者には責任や時間の浪費が問われます。売側業者が売主さんへ謝りに行くも、売主との関係に亀裂が入り、別業者に販売を変更されるなど、売・買業者、人、時間などすべてを無駄に浪費させ、本来であれば得られるはずだった手数料すら一切なくなります。

もちろん、仲介会社同士の関係も悪くなり、次回から良い物件・お勧めできる話などの機会はなくなるかもしれません。

この場合、ご自身の保有物件の担保評価が余っているものを共同担保に入れる、ローンで減額される可能性がある場合は、資金計画をしっかり相談してから申込みするなど、収益物件のオーナーとして不動産業者との関係を大切にしてください。

コラム

テナント投資

私は不動産であれば、基本的に何でも投資対象としています。ここ数年、盛り上がりを見せた民泊も９部屋所有しており、良い時で月３００万円の収入を得ています。

こうした事業色の強い不動産投資の中で、私が注目しているのはテナント投資です。先日、私が購入したテナントは家賃15万円ですが、本来は60万円の家賃が取れる物件です。今は何かしらの理由があり安く貸しているだけなのですが、そうした事情は普通の人にはわかりません。レントロールを鵜呑みにして家賃を上げられることに気づかないわけです。しかし私たちプロからすれば家賃が非常に安いので、交渉をして上げられる物件、つまり想定より利回りを上げられる物件に変貌します。つまり資産に余裕がある経験者にとっては買い物件となるわけです。

私は以前、大阪のとある観光地で４坪のテナントを所有していました、貸せば家賃は30万円でした。大正築で再建築は可能ですが、面積が狭いため実質再建築不可です。それが現在かなりの高値で売られています。すでに物件を手放してしまいましたが、もう少し長く持っていたら、かなりの利益を得られたでしょう。

良い場所の店舗の場合、新たに貸し出す際に保証金といって、家賃6カ月程度の保証金を得られます。ただ、次に買った人へ敷金は引き継がれないのが関西方式です。関東ではオーナーチェンジの際に保証金の引き継ぎがあります。

一般的には「売上が読めない」「客付けが大変」といった理由から、テナントは住居用よりもハードルが高いと思われがちです。

その考え方は間違っていません。テナント投資は事業色が強いので融資付けが難しく、相当な実績や資産がなければ、そもそもスタート地点にすら立てません。

ただ、私自身はテナント投資を否定するつもりはありません。むしろ「店舗だからダメ」と初めから切り離すのは非常にもったいなく、これから跳ね上がる可能性があることも考慮すべきです。

実際、私は店舗を700万円で購入し、2000万円で売却したこともあります。ボロボロの戸建てで一見すると住居用ですが、店舗としても使える物件です。大阪の観光地で人の行き交いも多く、店舗としてのニーズは高いです。

この物件は、物販をやっても家賃はそれなりに高いのですが、焼肉屋として貸すことができれば、さらに高い家賃設定ができます。なぜなら、焼肉屋は室内が油まみれになるため、なかなか物件を見つけ借りることができないからです。ラーメン屋やインド料理店も同じ理由から借りるハードルが高いのです。

つまり、貸す人によって家賃を変えられるわけです。そうした飲食業には相場より高い家賃で借りてもらえ、より収益性を高められます。

ビル・世帯の多いレジデンス（高級マンション）で最低５億円以上に関しては、外国人やファンドに売却することで大化けする可能性があります。これが地方となると買い手が投資家や地主だけになってしまいますが、選択肢の広い都市部で物件を持つのも検討してはいかがでしょうか。

第3章

買うべきエリア

© Adobe Stock

買うべきエリアを数値化する

私が提唱する都市型投資では、「買うべきエリア・買ってはいけないエリア」を①から⑩に数値化して、その数字をより良いものに入れ替えていくことを目指します。

関西・関東では私が実際に地域を数値化し、地図に打ち込んだものを読者特典としてお渡しします。ページの都合上、紹介しきれなかった神戸の情報もあります。本書の巻末ページから地域評価図を受け取ることができますので、そちらを参考にしながら第3章の内容をご確認ください。

最初に数値についてお伝えしておくと、①は「都心一等地、主要駅前」です。①の一等地に関してはあくまで最終目標です。

続いて②・③は「都心の人気エリア」です。④・⑤は「都心から少し離れた人気エリア」です。⑥・⑦は「都心外、市街地でも人気エリア」です。⑧は「市街地から離れた住宅街」です。⑨は「さびれた町、村（市街化調整区域）」。そして⑩は「周りが田んぼ、何もないエリア」となっています。

都市型投資と聞くと「東京都心」をイメージされるかもしれませんが、東京だけに絞るのではなく、大阪や各主要都市を含めているので選択肢が広がります。
具体的には東京都23区、東京都下（23区以外の市町村）の一部、大阪市、大阪府の一部、それ以外の地域でいえば、次の政令指定都市の人口ランキングの12位程度までを投資対象と考えています。

これは再現性にもつながります。東京都心部は大手不動産会社やファンド、外国人投資家などがターゲットとなり、投資規模が大きくなり過ぎてしまいます。また、収益率も著しく低くなります。

こうした地域で個人が買えるレベルとなれば、区分マンションが選択肢となります。私自身は区分マンションも購入しますが、投資のメインにするのは一棟物件のほうが効率的ですから、東京にかかわらず①の一等地に関して、あくまで最終目標であり、買い進めの段階においてはあえて避けるべきエリアとします。

図表 3–1　政令指定都市人口ランキング

（2024年1月1日現在）

	政令指定都市		人口　（名）
1	神奈川県	横浜市	3,771,766
2	大阪府	大阪市	2,770,520
3	愛知県	名古屋市	2,326,683
4	北海道	札幌市	1,969,918
5	福岡県	福岡市	1,652,571
6	神奈川県	川崎市	1,545,604
7	兵庫県	神戸市	1,499,887
8	京都府	京都市	1,443,486
9	埼玉県	さいたま市	1,344,850
10	広島県	広島市	1,185,505
11	宮城県	仙台市	1,097,814
12	千葉県	千葉市	979,532

図表 3–2　地域評価を数字で表す

	地域評価	家賃	積算
都心一等地 主要駅前	①	高	低
都心人気の エリア	②・③		
都心から少し離れた 人気エリア	④・⑤		
都心外・市街地でも 人気エリア	⑥・⑦		
市街地から離れた 住宅街	⑧		
寂れた町・村 （市街化調整区域）	⑨		
周りが田んぼ、 何もない所	⑩	低	高

関西のエリア解説

それでは関西から解説していきましょう。大阪は東京と比べてコンパクトですが、その中で価格差が明確になっています。「東京都＝大阪府」「23区＝大阪市」とたとえるとわかりやすいかもしれません。

基本的には大阪市を中心に考えたとき、北部のほうが人気はあり、南部は人気が下がります。東京23区の場合は、資産価値・利便性・治安・防災などトータルで見て「西高東低」といわれますが、大阪はいわば「北高南低」になります。

大阪市は上に淀川、下に大和川があり、その間は以前から優良なエリアです。淀川を越えて北側に行くと人気の住宅街があります。そこから少し西に行くと神戸です。

神戸市・西宮市・芦屋市など、こちらも人気の住宅街です。東京のように四方八方に広がるのではなく、縦のラインで一定を超えると、また良い雰囲気の町並みが広がっています。

このような関西でいう西側の良い地域を東京に照らし合わせると、神奈川県の川崎市や横浜市、埼玉県のさいたま市、千葉県の市川市や船橋市となります。関西が西側に伸びていく一方で、東京は全方位的に広がっているのが特徴です。

図表 3−3　大阪市の主な河川と24区

図表 3−4　大阪府の主な河川と市町村

主要駅が該当します。

大阪府①「都心一等地、主要駅前」

誰もが知るような一等地のエリアです。大阪なら梅田・心斎橋・難波・天王寺といった主要駅が該当します。

大阪府②・③「都心の人気エリア」

②の「都心の人気エリア」は①の周辺、たとえば梅田駅と難波駅の間というイメージです。また北浜・天神橋・福島・南森町・中崎町・西大橋・長堀・肥後橋・京橋などが該当します。ただし、駅徒歩1分圏内だと0・5ポイント上がって1・5の評価となり、徒歩1分以上だと通常の②となります。

続いて③も同じ「都心の人気エリア」ですが、②よりも主要駅から離れていることが特徴です。野田や玉造などが該当します。

関西の場合は大まかにとらえると、JR西日本大阪環状線の中に①・②・③が存在します。ただし、西成（⑤から⑩）など例外もあります。

その中で、特に上本町駅は②になります。玉造は環状線のギリギリ内側で、駅前が②・⑤、少し離れたら③となります。

大阪府④・⑤「都心から少し離れた人気エリア（環状線沿い）」

「都心から少し離れた人気エリア（環状線沿い）」を端的にいえば、環状線の外側です。たとえば布施は環状線の外側で④・④・⑤、もしくは⑤となります。

ただ、環状線から外れても御堂筋沿線に関しては、大阪市内であれば基本的に④以内となっています。

④のエリアとしては、上新庄・新大阪・塚本（の一部）などが挙げられます。

⑤のエリアは例外はあるものの大和川沿いがメインとなります。たとえば平野区や住之江区などです。

ここまでは大阪市の話でしたが、少し離れた八尾市になると近鉄八尾駅は近辺の一部④です。

そして、それ以外の沿線は⑤・⑥・⑦・⑧となります。松原から堺までは基本的に⑥・⑦・⑧・⑨・⑩のいずれかですが、その中の中央駅（堺東・北花田・三国・中百舌鳥）に関しては④です。

松原市・藤井寺市でいうと、基本⑥〜⑨ですが松原駅や藤井寺駅の近辺は④・⑤です。

大阪府⑥・⑦「都心外、市街地でも人気エリア」

豊中・吹田・堺（の一部）などが当てはまります。その中でも一部は④・⑤もあります。
岸和田・泉佐野・富田林は主要駅だと⑦もありますが、基本的に⑧より下（⑧・⑨・⑩）です。

山寄りよりも、堺市・高石市・泉佐野市などの海寄りのほうがお勧めです。海寄りのほうが栄えているからです。山寄りだと⑧・⑨・⑩になりますが、海寄りには⑥・⑦が存在します。

大阪府⑧「市街地から離れた住宅街」

西寝屋川などが該当しますが、一部④・⑤も存在します。

大阪府⑨「さびれた町、村（市街化調整区域）」

大阪府⑩「周りが田んぼ、なにもないエリア」

前の章で述べたように銀行評価や、買える・買えないという視点でいうと、⑧・⑨で買っている場合は、⑤・⑥あたりの物件と買い換えるのがベターです。

⑤・⑥は、大阪の中でも一番お勧めのエリアで、人気があって入居率も高いエリアです。しかし、⑧・⑨・⑩になると、賃貸需要は少なくなります。もちろんこのエリアでも安定的に埋まっている物件はありますが、それでも長期的に人口が減ることを考えると、⑧・⑨・⑩から影響を受けていくのは確かです。すでに泉佐野市や河内長野市などでは、以前に比べてほとんど人が出歩いていません。

ですから、もしも⑧・⑨・⑩の物件を所有しているなら、売却して需要のあるエリアに買い直したほうが良いと私は考えています。イメージ的にいうと、「大阪」という名が付いているものの、地方と同じようなところもあります。

関東のエリア解説

東京23区で商業地を除いた人気の住宅街で見た場合、西側に人気があります。対して、昔ながらの下町であり、住宅街というよりは商業地域のイメージが強いのは東側です。

東京23区は大きく分けると５つに分類することができます（図表3-5・3-6参照）。都心に加えて、城東・城西・城南・城北の５区分です。なぜ「城」が付くのかといえば江戸城、つまり現在の皇居を中心として、その東側、西側、南側および北側の方角にある地域を指しているからです。

まず「都心」ですが不動産業界では、千代田区・中央区・港区・渋谷区・新宿区・文京区は「都心６区」と呼ばれています。

その他に「都心３区」や「都心５区」、あるいは「都心８区」と称される区分けも使われることがあります。

図表 3−5

【都心6区】	千代田区、中央区、港区、新宿区、渋谷区、文京区
【城東7区】	台東区、墨田区、江東区、荒川区、葛飾区、江戸川区、足立区
【城西3区】	中野区、杉並区、練馬区
【城南4区】	品川区、目黒区、大田区、世田谷区
【城北3区】	北区、板橋区、豊島区

図表 3–6　東京23区の区分け

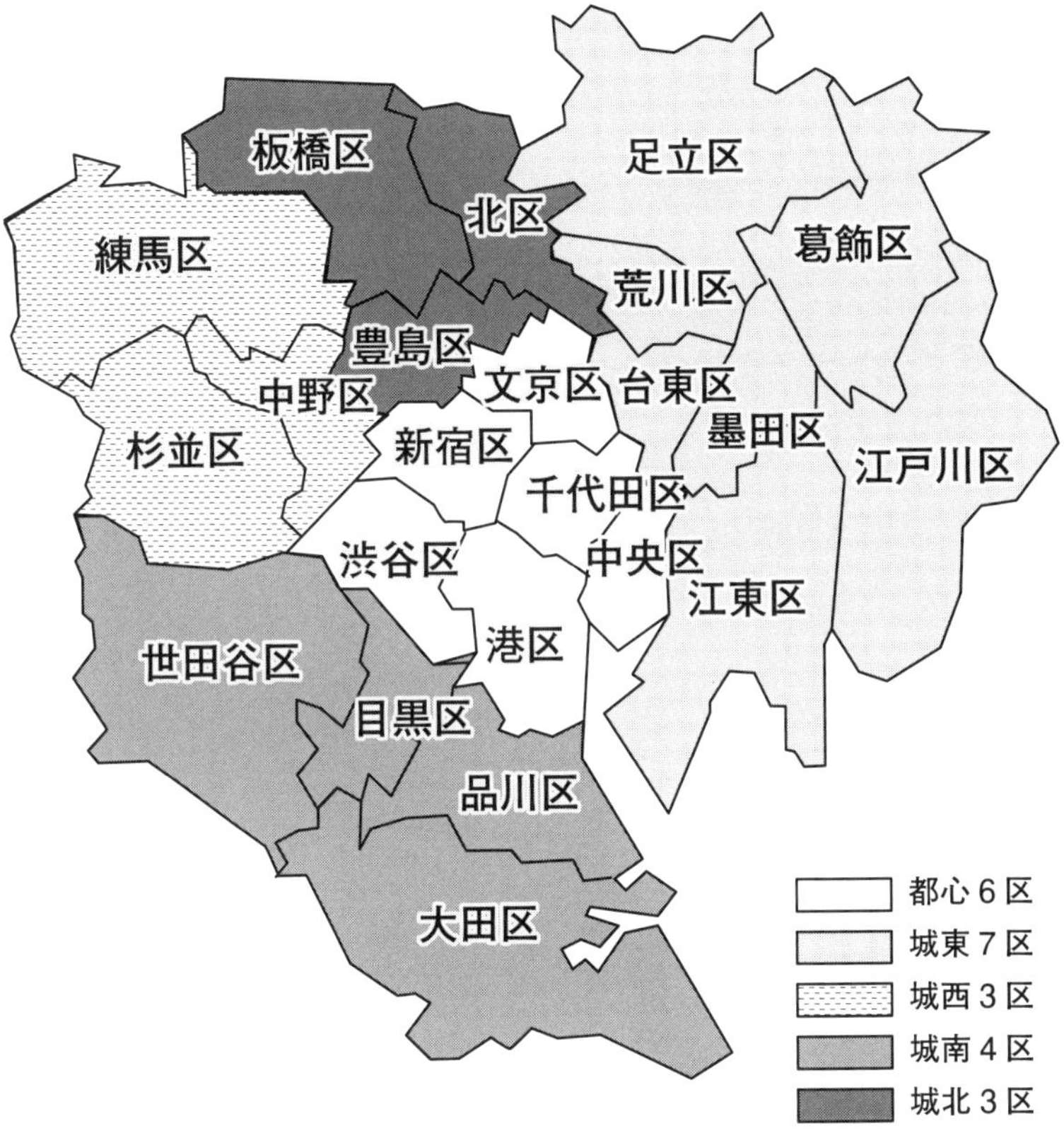

図表 3–7　首都圏の国道16号と首都高中央環状線（C2）エリア

東京都①「都心一等地、主要駅前」

誰もが知るような一等地のエリアです。銀座・赤坂・青山・六本木・新宿・渋谷・品川など、ＪＲ山手線東京駅から新宿駅の内側を含めた主要エリアが該当します。

注意点としては「駅名＝区」ではないエリアもあります。実は品川駅の所在地が港区にあり、山手線の内側になるので地価は高いですが、品川区そのものは山手線の外側に位置するため、同じ①でも価値が変わります。目黒も同様で、目黒駅は品川区にあります。

東京都②・③「都心人気のエリア」

一等地の周辺である山手線の上野駅・池袋駅を中心とした北側、山手線のターミナル駅から放射線上に伸びた鉄道沿線の環八（かんぱち）程度までのエリアです。

地図でいえば、首都高速中央環状線（Ｃ２）の内側です。

東京都品川区の大井ジャンクションから目黒区・渋谷区・中野区・新宿区・豊島区・板橋区・北区・足立区・葛飾区を経由して、江戸川区の葛西ジャンクションに至る首都高速道路の路線を指しますが、その中でも主要駅が②、マイナー駅が③となります。

たとえば、ＪＲ中央線の中野駅から荻窪駅、埼京線であれば赤羽駅、総武線の錦糸町駅、東急東横線の中目黒駅から自由が丘駅などが挙げられます。これらの人気駅の場合、駅徒歩5分内であれば②、それ以外は③とします。

駅にもよりますが、近ければ0・5から1ポイント上がって、駅から離れれば0・5から1を下げます。以降は、私が信頼する都内の収益系不動産業者の意見です。

「首都圏の投資エリアの基準とした場合、環八や国道16号（**図表3-7参照**）はよく出ますが、いわゆる都内での都心戦略（新築含む）は、首都高（C2）以内に収めるのがベターです。特に新築投資を行う場合は、容積率なども含めて建築費と家賃のバランスを見て狙っていきましょう」とのことでした。

都内だから安全ということではなく、むしろしっかりとエリア選びをすべきです。

東京都④・⑤「都心から少し離れた人気エリア」

都心から少し離れた人気エリアとして、羽田空港の玄関口であるJR京浜東北線、京浜急行線などの蒲田駅、再開発で大学誘致の進んだ北千住駅、東京メトロ千代田線亀有駅付近も人気が上昇したエリアで範囲が広くなりますが④とします。

西側ベッドタウンでは中央線の立川駅、京王線の調布駅などを④とします。さらにもう少し都心から離れた小田急線の町田駅を⑤とします。

郊外のエリア選択の基準には国道16号線（神奈川県横浜市西区高島町交差点を起・終点

とし、首都圏を環状に結ぶ国道）があります。多くの金融機関で「16号線の内側、さらに湾岸線（横浜・川崎間）とアクアラインでつないだ円の内側」としているからです。

東京都⑥・⑦「都心外、市街地でも人気エリア」

⑤のエリアのバス便など駅から離れた場所で、交通の便が良くニーズがあるところです。この辺りになると車社会となるため、道路付けや駐車場の有無が大切になります。立川駅をターミナル駅とした多摩モノレール駅沿線や、中央線の八王子駅などが挙げられます。

東京都⑧・⑨「市街地から離れた住宅街」

それ以外の東京都内で⑩のエリアを抜いた場所です。中央線の青梅駅や高尾駅などです。東京はある程度まで郊外にいくと隣県に入ってしまうため、⑧・⑨の場所はさほど多くありません。

東京都⑩「周りが田んぼ、なにもないエリア」

奥多摩の山間部や伊豆七島などの諸島部です。

23区内で収益性を考えた投資をしようと思えばエリアが限られます。具体的にいえば、江東区・墨田区・台東区・荒川区です。都心から近く、昔ながらの下町のため再開発余地がまだ残っています。これは大阪市でいうと、平野区・東住吉区・住之江区が該当します。

本来、東京の住宅地の地価は西高東低ですが、都心からの利便性が良いことで評価されています。成田空港へ続く京成線が走っている葛飾区はインバウンド需要により、近年は投資家から注目されました。

江戸川区はハザートマップ（水害・洪水）該当地域のため融資が厳しくなりますが、高利回り物件が出る可能性があります。子育て支援に力を入れており、アジア系外国人からも人気があります。

【千葉県】

千葉県では市川や浦安など、東京に近いエリアに人気が集まっています。東京基準で言えば浦安駅・市川駅・柏駅は③で、同じ市内でもマイナーな駅や、駅から遠くなれば④となります。ついで船橋と松戸が⑤に該当します。⑤のエリアの駅から離れた場所が⑥となります。船橋や松戸はワンルーム飽和地帯となり、単身向け物件の客付けは難しいので注意しましょう。

【埼玉県】

埼玉県は、さいたま市の大宮と浦和がもっとも有名です。大宮駅・浦和駅を③とすると、その近隣の駅が④、西武池袋線・新宿線の所沢駅、京浜東北線の川口駅、川越街道の宿場町である川越市が⑤、ついで東武スカイツリーラインの越谷駅から春日部駅あたりが⑥です。

さらに離れて、国道16号線より北部の主要駅が⑦に該当します。駅から近ければプラス0・5や1になりますし、駅から離れたバス便になればマイナス0・5や1になります。

【神奈川県】

神奈川県では何といっても横浜市と川崎市です。横浜駅・桜木町駅が②となり、川崎駅・東神奈川駅・石川町駅が③です。横浜市は広域ですが横浜市の東部と北部が戦いやすいです。なお、みなとみらい線のみなとみらい駅周辺は埋立地かつ商業地のため、そもそも売り物がタワーマンションしかありません。

また、昔ながらの横浜の街並みを残す関内駅もメジャーな駅ではありますが、海側は官公庁や横浜中華街、横浜スタジアムを擁する商業地がメインとなり、西側は伊勢佐木町を中心とした商店街に沿って街並みが形成されています。

ついで川崎市の武蔵小杉駅、鶴岡八幡宮のある鎌倉駅が④、東海道線の大船駅・藤沢駅、小田急線の登戸駅・新百合ヶ丘駅、東急東横線の日吉駅・菊名駅、東急田園都市線の溝の口駅・鷺沼駅・たまプラーザ駅・青葉台駅が⑤です。これらの駅は急行や快速が停まる駅となります。この近隣の駅、これらの駅から徒歩10分以上を⑥とします。

最初に買うのは⑤・⑥のエリア

立地・資産価値の側面からいえば①が最も高いのですが、比例して物件価格も高額になり銀行評価は低いので、最初から購入することは現実的ではありません。

そこでお勧めしたいのが⑤・⑥のエリアです。広げても⑥までです。大阪で言うなら大正区など地下鉄もありますし、主要駅である難波まで電車で20分以内の距離です。通勤のしやすさ、街の発展度、治安、ブランドなど良い意味でも悪い意味でも「普通」といえます。

⑤より番号が上になると将来的に賃貸需要が少ない不人気エリアになりますし、逆に番

号が下になるとブランドエリアで資産性はあるものの、物件価格が高額になり利回りが低くなります。

ただし大和川より南側だからといって、すべてが悪いわけではありません。

たとえば、大和川より南に行く所でも大阪メトロ御堂筋線があります。この御堂筋線は梅田から難波まで一本で行ける利便性があるので、北花田・三国・なかもず駅などの人気エリアがあります。

これは梅田や難波で働いているものの、大阪市内の良い地域では予算に合わない、広い物件に住みたい人が南のほうを狙い、結果として南も栄えるようになったのです。

そして北側に関しては、御堂筋線が上へとさらに伸びているおかげで良い地域となっています。人気・強力な鉄道沿線がある場所、都心部に一本で出られることができる場所は、便利なので栄えてきています。

つまり、もともとは人気の街ではなかったけれど、利便性が高いという理由で人気が上昇した街もあるのです。そういう街も狙い目と言えます。

ニーズを駐車場の価格で判断

基本的に地方は車社会である一方で、都会は電車社会ですから車を持たない人もたくさんいます。また、アパートやマンションに駐車場がなくても賃貸ニーズがあります。

とはいえ、⑤・⑥・⑦とエリアを広げていけば、徐々に郊外もターゲットになり車社会に近づいていきます。また、電車移動で済むエリアに住みながら、高級車を所有する富裕層もいます。

そのため、車が必需品であるかどうかにかかわらず、どんな場所にも駐車場は存在します。そして駐車場の価格からその地域の賃貸力の強さを判断することもできます。

実際、同じ町でも車1台3000円の場所と5000円の場所がありますし、この場合、3000円の場所のほうが賃貸物件の家賃が低い傾向にあります。というのも、人気のある場所ほど住みたい人が多いわけですから、土地が余っていません。そこで駐車場代金が高く設定されるのです。

これが不人気で住む人がいなければ土地は余ります。駐車場の供給が多すぎて賃料競争になった結果、駐車場も安くなっているわけです。
大阪での車1台あたりの駐車場の月額料金は、目安として次のとおりです。

①　3万5000円〜10万円
②　2万5000円〜3万5000円
⑤　大阪市内であれば1万8000円程度、駅から離れていたら12000円
⑩　5000円

街の価値は時とともに変化する

かつては良いイメージがなかった街が、再開発などで街の価値が変化するケースもあります。東京でいうなら足立区の北千住がわかりやすい例です。かつての足立区は治安の悪い街として有名でした（実際の犯罪発生率のデータで見れば、足立区より治安が悪い区はたくさんあります）。

しかし今では再開発によってキレイで便利な街に変貌を遂げています。ＪＲ常磐線・東京メトロ日比谷線・千代田線・東武伊勢崎線・つくばエクスプレスと４社５路線が通っており、ターミナル駅としての評価も高く、近年は都内路線価上昇率上位の街となりました。今まで23区中大学のない区としていわれてきましたが、２０２１年４月に６つ目の大学がつくられるなどイメージが変わりつつあります。

とはいえ路線価と実勢価格には乖離があり、需要の高い場所ほど価格が高くなるため、「良い場所だから投資に向いている」ということがありません（くわしくは次項で解説します）。

また本書で紹介した①から⑩の数値も２０２２年には変わっていく可能性があります。その変化のギャップを察知して、いかに早く行動するかが、不動産投資の醍醐味でもあります。

そもそも都市は徐々に広がっていくものです。最初は①の隣にあった③が②に変わり、その隣の④が③に変わり、さらにその隣の⑤が④に変わるイメージです。

したがって、現在の番号が将来的に下の番号に変わる（例・⑤が④に変わる）可能性は十分にあるのです。

たとえば大阪市の西区はかつて③でしたが、お店やビルが建ち並ぶようになって②に変わりました。そして、西区に建てる場所がなくなったため、今では西区の中が発展しています。最初に大型の建物が建ち、そのあとにお店ができて街の完成度が上がります。すると新たな沿線が開通するのです。

逆に、⑤だったエリアが⑥や⑦に格下げになることは、ほぼありません。ただし⑧くらいになると、すでに過疎化が進んでいるエリアのため⑨・⑩に下がる可能性はあり注意が必要です。

住宅街としては人気でも賃貸に向かないエリア

住宅街としては人気が高く、賃貸ニーズもあり土地の実勢価格も高いですが、賃貸物件には向かないエリアもあります。

東京都でいうなら世田谷区や杉並区は商業地もありますが、閑静な住宅街が中心です。土地の用途地域が一種低層だったり、建ぺい率・容積率の割合が40%・80%、もしくは50%・100%だったりするなど大きな建物が建てにくいです。

そのため、一棟物件は駅周辺や大きな道路沿いにしか建てることができません。そうなると最低敷地面積も大きく、土地を小さく割れないためロットも大きくなります。

そもそも駅周辺や大きな道路沿いは価格が高く、不動産投資をするにおいて収支が見合った物件を探すのが難しいです。とくに中古物件で高級住宅街のワンルームは、単身者の需要が少ないのです。

言ってみれば物件が出にくく利回りが低いのです。街としての力は③・④であっても利益を見込むのが難しいため、このようなエリアはあえて外したほうが良いでしょう。

関西でいうなら、住宅街で大きな家が多い大阪の帝塚山、神戸の芦屋エリアが同じ状況です。

ブランド立地で居住地としても人気ですが、そうした場所で賃貸経営をしているのは地主がほとんど。単身者向けのアパートよりもファミリー向けの分譲マンションが多くあります。

たとえば大阪府豊中市の桃山台というエリアでは駅前がすべて分譲マンションです。地域としての評価は高いですが、賃貸物件は少ないです。駅から徒歩10分、15分の距離になれば、ファミリー向けの賃貸マンションが建っています。

ただ、家賃はそこまで高くないため費用対効果が高いとはいえません。それでも土地は大きく評価が付きやすいため、中古で買えるなら悪い選択肢ではないと思います。

ハザードについての考え方

東京では都心一等地でもハザードに問題がある場所はあります。そもそも東京は埋立地が多く、地盤が弱いといわれています。

デートスポットとしても有名な港区お台場、中央区晴海、江東区豊洲。品川区の港南も埋立地です。埋立地は土壌の水分が多く揺れが伝わりやすいという特徴があるため、地震による液状化のリスクが高くなります。

そこに住む主婦が「マリナーゼ」と呼ばれる千葉県の新浦安も、いわゆるブランド立地ですが、2011年の東日本大震災で浦安市の湾岸エリアは大規模な液状化の被害を受けました。

埋立地以外でも再開発で人気を集めた神奈川県川崎市の武蔵小杉駅周辺は「洪水浸水想定区域（多摩川水系）」に指定されている地域です。

2019年には台風19号通過前後の大雨の影響で多摩川のはんらんにより、武蔵小杉駅周辺が冠水して駅前のタワーマンション2棟が浸水被害を受けます。地下階にあった電気系統が故障し、2週間近くも停電や断水が続いたと大きく報道されました。

このような被害を受けると地価が下がります。その後に回復はしたものの、再び災害が起これば地価に影響が出るのは間違いないでしょう。

例外的には相模湾に面している神奈川県の湘南エリアは、津波のリスクが非常に高いのですが、地価は高く根強い人気があります。

ちなみにスルガ銀行がもっとも積極的に融資を出していたタイミングでも、東京都の江戸川区はハザード面で融資不可エリアとされていました。

というのも江戸川区の7割がゼロメートル地帯で、区内には荒川・中川・江戸川・旧江戸川・新中川・旧中川・新川と複数の川が流れているうえに、南側は東京湾に面しています。現在も金融機関からの融資は厳しい場所となります。

なお、2021年から不動産購入時の重要事項説明書の調査項目にも該当するようになりました。しかし、物件所在地がハザードマップに該当するかどうかの調査は、区役所や市役所のHPより簡単に確認できますので、ご自身で調査を行うことをお勧めいたします。

大阪の場合、海でいえば大正区、港区と住之江区です。港区の西側は此花区になり、このあたりはハザード的にも危ないのですが、ブランドや利便性があるわけでもないのに、あまり何も言われません。大正区もあまり良く思われていない地域です。大正区は、数字でいえば④から⑥の地域です。

泉大津市の海沿いは危ないとハザードマップで出ています。当然、地価にも大きく影響しています。

ただ、都会でハザード的に問題がある地域は大阪にはかなり少ない状態です。

第4章

© Adobe Stock

売るべき物件、買うべき物件の実例

事例1　地方で銀行評価は高いけれど、収益性が低い物件を持っている場合

第2章で現状把握、第3章でエリアごとの物件の判断の仕方をお伝えしました。第4章では、5点バランスを整えるために、どの物件を売却してどのような物件を購入するべきか、具体的な事例に合わせて解説します。

まず「事例1」では、物件を1棟だけ所有している会社経営者Dさんから、「2棟目にどのような物件を購入したら良いのか」という相談を受けた話を紹介します。

中部地方在住のDさんは、地元の国道沿いにある銀行評価（積算評価）の高い築浅RC造マンション（地域評価⑧）を所有しています。

築10年以内ということもあり、取引先の地銀から有利な条件でフルローンを借りることができました。しかし、この物件の収益性は低く、毎月の手残りも多くありません。

不動産投資を始めたばかりのDさんは、2棟目を購入したいと考えていますが、どう選んで良いかわからない……とのことでした。

この場合の答えは、「都市部で高収益の物件を購入すべき」です。ただし、都市部の良い場所（①から④）では高利回り物件は買えません。そこで都市部でも少し離れた場所⑥を狙います。地域評価を上げるためと収入を増やすためにです。

その際に注意したいのは「築古でも良いから、土地値のある高利回り物件」を選ぶことです。具体的には土地単体としての売却価格が物件価格の60％以上あり、利回りは10～15％以上あることです。むろん、土地値が70～80％になればさらに良いです。

言い換えると、「建物の資産性は低いけれど、収益率が高く（高利回り）、土地は物件価格の60％以上（たとえば1億円の中古物件で、土地としてなら６０００万円で売却できる物件）なら買っても良い」ということです。

収益性について補足すれば、土地の売却価格が購入金額に近ければ（土地値が70～80％）利回り10％でも良いですが、ただし返済比率は60％以内に抑えます。そこまでの融資が出なければ、自己資金か共同担保を入れます。

そして、５年間保有して売却しても良いでしょう。その場合、個人保有であれば長期譲渡所得20％で売却できます。

これが、土地値が60％の場合にはできるだけ利回りの高い物件を購入します。利回りが回っていればその分返済が早いので、５年保有すれば十分返済が進み売却しても利益は残る可能性は高いでしょう。

注意点としては、保有している間、入居率が悪くなれば意味がないので④・⑤・⑥の地域、またはそれ以下でも入居率が良い地域かを確認します。

間取りについては地域で異なりますが、基本20平米以下は注意してください。築古物件の特徴として狭小ワンルームの間取りタイプが多く、飽和状態になっている可能性が高いからです。

そのため、できればファミリー物件が好ましいです。ファミリー物件になれば土地が広くなるからです。ワンルームが悪いわけではないので、調査して需要があれば良いということです。

たとえば土地の実勢取引価格が６０００万円であれば、多少の前後はあるかもしれませんが、将来的に６０００万円で売れることが見込めます。

こうした選び方をすれば、⑥のように場所が少し悪くても、築年数が経っていたとしても、最後に売って損することはありません。

私の投資手法では最終的に⑤以下の物件を売却して、①から④（できれば③）までに入れ替えることを狙っていますから、投資の初期段階では⑤⑥を買って規模拡大を目指しています。

収益性については利回り10％以上を目標とします（場所が良ければ、もっと利回りが下がります）。なぜなら、利回り10％なら賃料1０００万円で4年持てば安全圏にいることになるからです。

それに比べて、地方の⑧・⑨・⑩で購入してしまうと、今は融資ができていても人口が減って購入した地域の入居率悪くなると、金融機関はその地域は融資しなくなります。今もこのような地域は存在します。

また、入居率が悪くなると、金融機関にも悪い印象をあたえますし、そもそもすごく利回りが良くても、入居率が50％になると利回りも半分になるので注意が必要です（ここではわかりやすく説明するために、税金や経費などは計算に入れていません）。

事例2 地方で銀行評価は低いけれど、収益性が高い物件を持っている場合

続いてはEさんの事例です。東京都在住のサラリーマン投資家Eさんは、10年ほど前に「地方高利回り投資」（中古高利回りアパート投資）を勧める書籍を読んで不動産投資を始めました。

当時はスルガ銀行が築古木造アパートにも融資を出す時期で、高属性のFさんは融資を簡単に受けられました。こうして、Eさんは北関東に「銀行評価（積算評価）は低いけれど、収益性が高い物件」を複数棟所有することができました。

つまり、田舎⑨・⑩にある築古の高利回りアパートを所有しているケースです。

所有している物件の利回りはかなりのもので、その収益性だけに注目すれば「成功投資家」と言われるような状況です。しかし、築古物件が増えると、ある一定のところで融資が止まり、買い進めが困難になります。

規模拡大を目指さない、もしくは、今後は現金中心で築古物件を買っていく方向性であれば良いのかもしれませんが、50代後半のEさんは次世代のことも考えて、今後は地方で

なく首都圏に物件を所有したいと考えています。

人生も後半戦となり、老後や相続を考えると、住まいから近い都市部の手がかからない物件に魅力を感じる……というお話をされていました。

これまでのEさんの投資手法は、利回りだけを基準に物件購入していました。また、エリアを北関東に絞ることで、ドミナント投資に成功しており、今でも高利回りの物件情報が定期的に入ってくるそうです。

ただし、前述したように銀行評価が著しく低いため、融資においては逆に足を引っ張っている状況です。地方の耐用年数オーバーの木造アパートはたしかに高利回りかもしれませんが、その物件は銀行から見て、価値が少ない場合が多いのです。

つまり借入と資産（銀行評価・積算評価）を比較したときのバランスが悪いわけです。とはいえ、収入は良いので「借りているお金も多いけれど、商売自体はうまくいっている」といえます。

このタイプは、第2章で紹介したAさんのような投資家です。これはエリアに限らず、銀行評価の低いキャッシュマシーン的な物件ばかり持っている人であれば共通で起こることです。

この場合の答えは、「銀行評価が低い物件を売って現金化し、利回りが低いけれど銀行評価の高い物件を買う」です。ですから資産性が低いものは売って、それを頭金にして、より資産性の高い物件を購入するのがベストです。

具体的には地方アパートを売って現金化する、もしくは可能であれば所有したままで、銀行評価の高い物件を買ってから地方アパートを売却しても良いでしょう。順番はどちらでも構いません。融資が難しい場合は、まず現金化から着手しましょう。

次に買う物件の理想は⑥・⑦で、難しければ⑧でも構いません。エリアの数字が大きくなるほど銀行評価が取りやすくなります。そうやって借入と資産のバランスを整えていきましょう。

事例3 地方で銀行評価が高いが、修繕費が高く収益性が低い物件を持っている場合

大阪市在住のFさんは、5年ほど前にメガバンクからフルローンの融資を受けて中国地

方で約3億円の物件を購入しています。

築25年程度の高積算・高収益物件で大規模なファミリーマンションです。事例①に似ていますが、物件規模がより大きく、場所もより田舎にあります。

田舎といえども融資条件は良く、客付けにも強いファミリータイプ。規模が大きいためキャッシュフローもたくさん得られて、購入当時Fさんは「良い物件が買えた！」と喜んでいたそうです。

ところが喜びはすぐ後悔に変わりました。というのも、退去のたびに数百万単位の修繕費用がかかるのです。その物件は各部屋が70㎡以上はあり、長期入居している家族が多く、退去時に水回りの交換が必要となっています。

そろそろ屋上防水、外壁塗装などの大規模修繕も必要となっており、管理会社からは数千万円の見積書が届いているそうです。

このような状況では、いくらキャッシュフローが出ても修繕費で消えていくばかり。赤字ではないものの、手残りはそこまで多くありません。これは地方独特の部屋、建物が大きくて賃料が安いパターンです。

Fさんは物件売却を検討していますが、２０１８年以降地方の大規模物件に融資を出してくれる金融機関が減っていることもあり躊躇しています。

この事例のエリアは⑧・⑨・⑩です。地方であっても過去にはメガバンクから融資が出ていたため、都市部の投資家から人気を博していました。また、中古が多いのが特徴で、新築や築浅はまずありません。

「修繕が高い」ということは収益性があると見せかけて、実はキャッシュフローが少ない状況です。表面利回りは12％ですが、コストを差し引いたら10％を切っているのです。

こうなってしまう理由は、入居率が低く家賃も低いからです。ファミリータイプについては競争力が高いと言われていますが、田舎のファミリータイプの場合、60㎡を超えていても4万5000円程度の低家賃は珍しくありません。これでは家賃に対して修繕が高くついてしまいます。

こうした田舎の大型物件の特徴を補足すれば、シングル物件の場合は20室中で10室が、1法人で借りている状態がよく見られます。残りの部屋も3室・5室とまとめて借りている場合が少なくありません。そうなると、その法人が移動・倒産・人件費削減となったとき、10部屋すべて退去するリスクがあります。

加えて人口の少ない地域は、入居募集しても決まらないことはざらにあります。いくら広告費を出しても、そもそも人がいないので入居が決まらない……という状況です。

所有物件の稼働が悪ければ融資も難しくなってしまいます。なぜなら、金融機関は常に貸付先のレントロールをチェックしています。

「この地域の入居率は非常に悪い」と判断すれば、その地域には積極的には融資をしないでしょう。そうなれば、ますます売却が難しくなります。

対策として、この物件は一刻も早く売りましょう。現状で資産性や収益性があっても、将来的に入居率が悪くなる可能性があるからです。

今なら、まだ積算評価を重視する金融機関もありますので、積算評価で売却できる可能性はあります。これ以上、収益性が悪くなってからでは売れません。価値がまだある今のタイミングで、将来を見越して売却してください。また土地の路線価が出ていても建物の残存期間がなかったら金融機関は見てくれません。

規模にもよりますが、地方でも安全だと思えるエリアの家賃の価格帯の高い物件は残し、平米数の割には家賃が安い物件をすべて売却してキャッシュを残したほうが結果的に得をします。

売却して自己資金をつくり、⑤・⑥のエリアで買えれば理想的です。

収支が合えば、利回りが少しくらい低くても良いので、残存期間があり、資産性がある物件を買うべきです。現状よりは資産性も収益性も低くなってしまいますが、入居率が安定していれば良いと考えます。人口減少のリスクヘッジをすることが大切です。

⑤・⑥の物件、次に⑦・⑧の物件、再び⑤・⑥の物件というように「⑤・⑥」と「⑦・⑧」を交互に買い進めてください。そして⑤・⑥が増えてきたら、⑦・⑧をすべて売却します。その後は⑤以下の物件を狙いながら、時々③あたりを狙うのがお勧めです。

事例4 都市部で土地値が高い物件を持っているが、収益性が低い場合

続いてのケースは大阪市内在住の30代のサラリーマン投資家Gさんの事例です。Gさんは市内の③のエリアにて、築20年前後のRC造マンションを購入しています。検査済証もあり、しっかりした建物ですが積算評価と実勢価格に乖離があり利回りは6％です。

家賃が高めでも入居率は良いため、赤字になることはありません。しかし、収益性があまり良くないため、修繕費用がかかった月はキャッシュフローがほぼ残らないと言います。「もう少しお金が残るような不動産投資をしたい」という希望があり、私の元へ相談に訪れました。

都心部の③のエリアで利回り6％というのは決して高くありませんが、低くもありません。都市の良い立地になればなるほど、どうしても土地の実勢価格が高くなるため、不動

産投資の観点からいえば割高な低利回り物件になってしまいます。

この場合、次に買う物件は場所が⑤・⑥・⑦になっても高利回り物件を狙ってください。Gさんの所有する物件は1棟ですが、③をすでに所有しているので、次はあまり良くない場所だけれど、資産性の高い高利回り物件を買うことでバランスが取れます。

ここで銀行が見るポイントは資産と収益がメインなので、金融機関から悪いと言われないためにも、かつ入居率が安定するためにも、その後は④・⑤を購入しましょう。それによって会社が良く見られるので買い進められます。

個人・会社のバランスで異なりますが、次の購入物件は収益性の高い物件を購入します。たとえば売却価格の高い都心部利回りが7%であれば、そこに利回り重視の物件14%を購入すれば、その利回り平均を出すと10・5%になるわけです。そうすることで全体の返済比率は改善されます。

あとは借入と不動産評価のバランスを整えれば、金融機関の評価は上がるはずです。同時に、さらに次の物件を購入できれば安全圏内に入れます。

事例5 地方で負債・資産・収入のすべて良い物件を持っている場合

地方で高積算・高利回り物件を持っているケースです。Hさんは地方投資でうまくレバレッジをかけて物件を増やしており、成功投資家といえます。

元サラリーマンですが今は退職して専業大家となり、地元である関西の地方都市を中心に、隣県にまで手を広げて物件を増やしています。

この場合は、今持っている物件が⑥から⑨だとすれば、それらすべてを売却します。そして、都市部で①～⑤の物件を増やしてください。

これを行う理由は、リスクヘッジです。現在、地方でうまく運営できていたとしても、将来人口が減ってくるのを見越して対策を講じるのです。

実際、地方投資で成功している投資家は、同様の動きを見せています。たとえば、愛知県の投資家であれば、名古屋の物件は高くて購入できないということで、岐阜県や三重県を購入しているケースもありますが、それらを売却して名古屋をはじめ愛知県内の都市に買い替えをしているようなケースです。

Hさんへの注意点は「一気に売却してはいけない」ということです。これは他の投資家のケースにも当てはまりますが、一気に売ってしまった後に、すぐ物件が買えず収入が0になると、収支のバランスが悪くなるからです。ですから、徐々に計画的に進める必要があります。

これが、その他の収入がある人は問題ありません。事業収入があれば、収入がない状況を補えるからです。

またHさんのようなケースでは、地元の金融機関との付き合いも上手に行っており、ローンの返済比率が50％以下で長期のローンを組んでいることも多いでしょう。そうなると現状でキャッシュフローは悪くないはずです。ただし、10年、20年と経過した際に賃料の低下・多数の大規模修繕費で現金は残らなくなる可能性が高いです。

売却が段階的に進められたら、次回の物件を購入時に、返済比率を期間で伸ばすのではなく、売却した資金を自己資金として投入し、返済比率を減らす購入を取り入れていくことをお勧めします。

コラム

物件の種類を知っておこう

ひと口に収益物件といっても種類があります。ここでは基礎知識として物件の種類を紹介しながら、どのような物件が狙いめなのか解説します。

●中古一棟マンション

・単身用

前述したように単身用で3万円以下の物件は売却してください。ランニングコスト、大規模修繕の時に、費用が収入に比べて大きくなるので注意してください。将来、売却しにくい可能性があります。

市町村により異なりますが大阪市では生活保護者の住居扶助費は、単身者で11～15㎡まで3万6000円、15㎡以上4万円と面積により異なります。

近隣に大学・専門学校などの学生入居が狙える地域では、学校の運営状況や人気などは調査してください。生徒数減少・移転などで家賃を下げても決まらない空室が多くなり、売却もできなくなる可能性が出てきています。

コロナ禍の影響で大学生はリモート講習が多く、実家に帰る人が増えています。大学生目当てのマンションも、今では入居率は悪くなる可能性もあります。逆に大学の近くで、かつ商業施設のあるエリアは狙い目です。

そもそも収益マンションに投資してインカムゲインかつキャピタルゲインを狙うわけですから、基本は入居率が良いことが前提になります。その基本ができていない物件を購入してはいけません。ただし、現在は入居率が悪いが、入居率を良くできる根拠があれば良いというわけです。

・ファミリー用

交通や買い物に便利なのは当たり前として、学校区（小・中学校）の良い場所を狙って購入してください。人気学校区内で賃貸をお探しの方は多数います。駅から少し遠くて間取りが少し悪いファミリー物件でも、学校区が良ければ安定して決まっています。

ただし、こうした地域は逆に単身用のマンションが危険な場合もあります。以前、高級住宅街と言われている地域の単身物件で、賃料を下げても決まらない例がありました。ファミリー物件は学校区が良いので、どこを探しても空きが無いくらいなのにです。

●区分マンション（分譲マンション）

区分マンション（分譲マンション）は、1棟の中の1室を所有します。オーナーチェンジ物件は利回りが低いため購入希望者が少ないです。つまり、購入したいライバルが少ないためチャンスがあります。

収益性の利回り計算での価格設定にて販売されている物件があるので、インカムゲインではなく、キャピタルゲイン目当てに購入するのも視野に入れてください。

大阪市内の①、②のエリアにて、オーナーチェンジ物件利回り4％を5000万円で購入。退去後、リフォームして一般居住用物件して6200万円で売却などの事例もあります。売れる理由としては実需の需要があるからです。

1R～1Kなどで成功している人を、私は見たことがありません。なぜかというとそもそも購入する時に、利回りなどは関係なく手残りだけを説明されて、かつ、全額ローンで購入している人が多いからです。

以前、相談に来られた人は、「毎月2万円残るから心配ありません」と言っているのです。私は購入価格と賃料をもとに利回り計算したところ2～3％、しかも賃料は2割程度高めで、将来は実需での需要は低く、対応できない状態でした。

くれぐれもワンルームタイプの区分にはお気を付けください。逆に区分ファミリーマンションは、実需での需要が全く違います。分譲マンションを購入する人は、基本ファミリーを選ぶことをお勧めします。

なお区分ファミリーマンションの値上がりを念頭に待つ場合、賃貸の募集法は定期借家契約2年などにして、売却するタイミングをこちらで確定できるようにします。この場合、半年前までに契約終了の内容を書面にて通知も必要です。

●新築一棟アパート

木造アパートの注意点は劣化等級です。通常、木造の融資期間は20年が相場ですが、劣化等級を取ることによって、融資が30年になる場合があります。

もちろんローンの期間が延びれば返済比率は良くなります。ただし、新築時の購入時しか劣化等級を引継ぎできない場合もあるのでご注意ください。

問題は売却時20年での計算になるので、5年保有していれば残存期間が15年となるわけです。次の購入する人は基本15年でローンを組まなければなりません。その場合、返済比率は高くなるわけです。

金融機関は減価償却期間でローンを考えています。実際には30年は使用できると思いますが、売却する時に購入金額より下がる可能性が高いです。

これは予想ですが将来、金融機関のローンの期間は延びると思います。ただ、今は20年ということを認識しておきましょう。

●中古一棟アパート（転売・建て替え）

・文化住宅

「文化住宅」とは関西地方における集合住宅の呼び方です。戦後、高度経済成長期の住宅不足に対応するため、大量に供給された2階建てアパートを指します。

関西以外では聞きなれないかもしれませんが、関西では一般的な文化住宅は古いアパートのイメージです。床は畳、風呂はなく和式便器が標準で、古くてボロボロの状態が当たり前なので交換が必要になります。

昔は銭湯がたくさんあり、お風呂のない物件も存在していたのです。現代でお風呂がなければ入居付けは難しく、後付けのお風呂のある文化住宅も床下が腐食して、壁にお風呂が直接付いているケースも見られます。

こうした物件をあえて安く購入して、再生して入居付けをしている投資家もいます。もちろん、このような物件を購入してはダメというわけではないですが、基本ＤＩＹでしないと採算が合わないことが多いと思います。

・一般の中古アパート

中古アパートは、文化住宅の次の世代に建った物件のイメージです。軽量鉄骨の２階建てで、２階の畳を取ると１階の部屋の光が見える感じです。これは文化住宅と違い軽量鉄骨なので、腐食は木造よりは良いと思います。

木造より内装の費用はかかりませんが、ある程度の規模になるとＤＩＹではできない範囲になってきます。また、内装費用が高額になるのであまり購入はお勧めできません。

購入するなら土地値がいくらなのか、そこがポイントになります。基本的に土地値で購入できれば、内装費用をかけても問題ないからです。ただ、金融機関に対してはローンが難しいことが難点となり注意が必要です。

どちらのケースでも購入時の価格は高利回りの物件のみで探すのではなく、いかに稼働させるかに注力すべきです。それは、どれだけ高利回りであっても、入居がなければ収益が得られないからです。

生活保護の方などに入居してもらい、数年保有して利回りを確保してから売却する人もいます。

そのほか土地50坪程度でも間口が広く、2区画建てることができる広い土地なら高値で売却できる可能性があります。売却時の出口戦略として選択肢を広げてください。

●中古戸建て（中古再販）

戸建てや住居兼事務所などの物件を、リフォームして販売・キャピタルゲインを得る方法です。お勧めは住居兼事務所・住居兼倉庫物件です。このような物件が少ないので再販時の利益を上げやすいです。

物件を選ぶ際に気をつけていただきたいのは、販売時に一般の購入希望者が住宅ローンを組み購入できるかが重要です。居住用面積が建物全体の2分の1以上の物件のみ、住宅ローンが可能です。

図表４　住宅ローン購入可能物件の事例

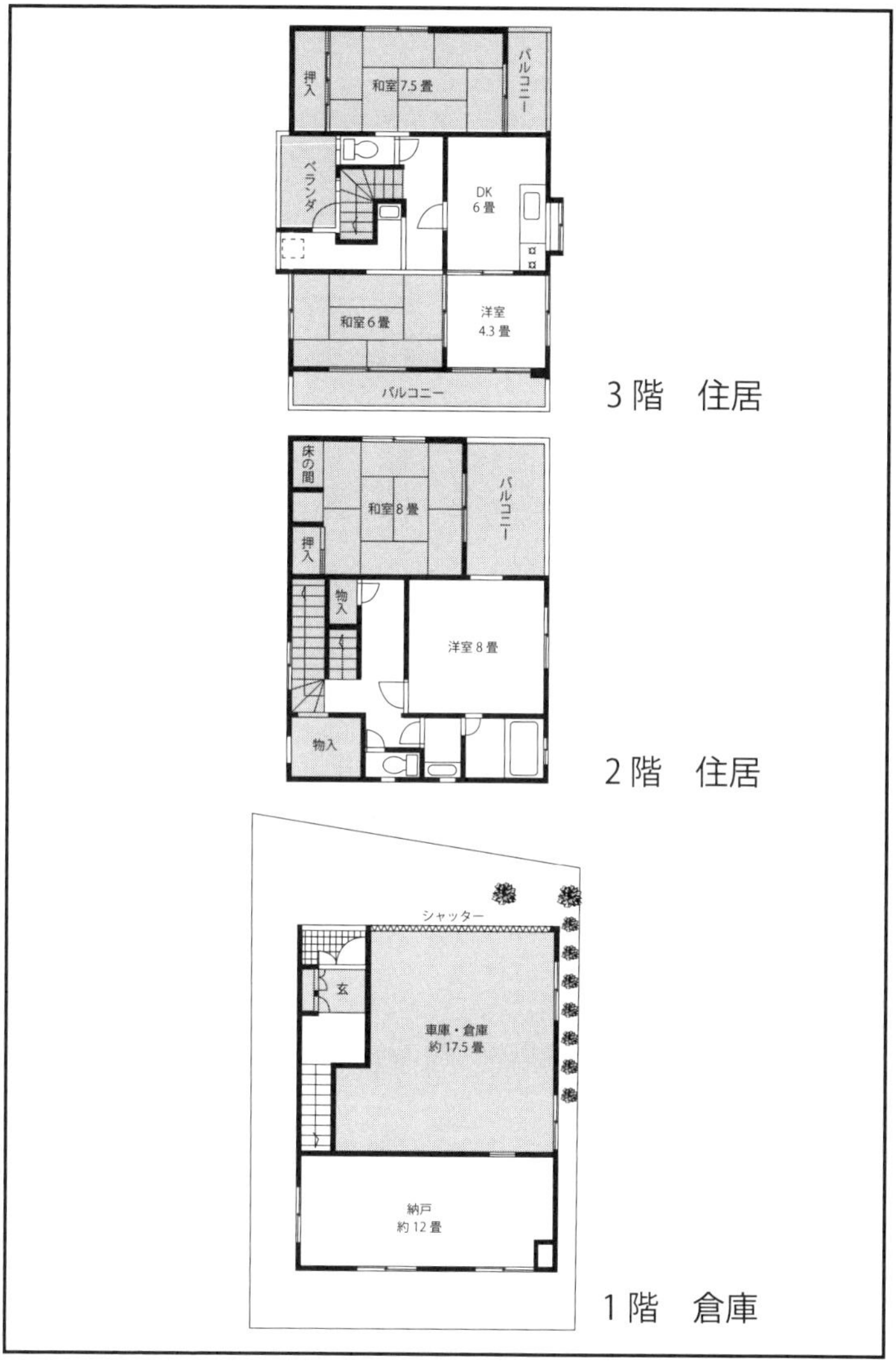

第5章

安定的に満室稼働させるためには？

入居率を上げる方法

融資を受けて規模拡大するためには、ただ売買するだけでなく、所有物件をしっかり高稼働させて賃貸経営を黒字で行っていかなくてはいけません。本章では不動産賃貸業の基本の〝キ〟、とも言える安定的に満室稼働するノウハウについて解説します。すでに収益不動産を所有している読者も多いと思いますが、物件数が増えると細かなところまで目が行き届きにくくなります。今一度基本に立ち返ってみましょう。

●掃除の徹底

私が大切にしていることに「物件をキレイに保つ」があります。基本はエントランスとゴミ庫の掃除です。マンションで一番目配りすべき場所はこの2カ所なのです。

エントランスはそのマンションの顔となる場所です。中古でも新築でも清掃の徹底が入居率・定着率の向上には必須です。また、清掃業者のチェックも必要です。

次に大事なのがゴミ庫です。意外だと思われがちですが、これこそが定着率に直結する場所です。

汚い→臭い→害虫が発生→住居に害虫が侵入→ゴミ庫のせい→気持ち悪いので退去する……。こういった悪循環で、良質な入居者は退去してしまいます。

ゴミ回収はできるなら民間業者へ委託し、毎日回収してもらいゴミ庫を常に清潔に保ちましょう（市町村によっては民間業者に委託できないところもあります）。

しつこいようですがどんなに忙しい時でも、この２カ所は自身で小まめに点検すべきです。高い入居率を実現している物件は、オーナー自身が小まめに共用部などの美観を確認しています。共有部・専有部ともにキレイな状態で内覧する人を迎えることで、確実に入居率アップが望めます。

そして、きちんと清掃や報告をしてくれる物件管理会社に依頼しましょう。清掃の目安ですが、日常清掃を週２回、定期清掃を年間２回することがキレイに物件を維持できる回数です。そうすることで入居率が格段に上がり、退去率は大幅に下がります。

●ＡＤを惜しまない

入居率を保つ秘訣は、ずばりＡＤ（広告料）を惜しまないこと！

誰でもＡＤの出費は嫌なものですが、そこを思い切って周りのライバルが出していない金額にすることで効果が望めます。「周りが2カ月なら、うちは3カ月！」というように一時的に上げるのも一つのテクニックでしょう。空室が少なくなれば元のADに戻せば良く、結局早く決まった者勝ちなのです。

ちなみにADを上げている期間中は、「フリーレントをつけて欲しい」といった要望にもすんなり応じてあげると、効果はさらに上がります。もったいないと考えるオーナーもいるかもしれませんが、【空室期間×未収入＝収益減】を考慮すると、決して損をする募集方法ではありません。

●初期費用について

今や住居の敷金ゼロ・礼金ゼロのゼロ・ゼロ物件が当たり前の時代です。

お客様がインターネットの検索サイトでお部屋探しをする際は、「敷金0円・礼金0円」と検索設定することが多いです。当然ですが敷金・礼金が必要な物件は、そもそもお客様に見てもらえない環境です。

実際に礼金1カ月で募集していた物件の空室期間が長くなってきたため、礼金を0円に変更したところ、たちまち問い合わせが多くなり、すぐに申し込みが入った例もあります。ですから敷金・礼金は十分に考慮してから設定しましょう。

●物件の宣伝活動

管理会社へ賃貸仲介の業者回りを頻繁にしてくれるようお願いします。

空室の客付けは、管理会社の担当者がお客様を探して客付けをしているのではなく、自社の賃貸営業マンはもちろん、他社の賃貸営業マンにも客付けを依頼しているのが通常です。

昨今では、どの営業マンもインターネットで検索するのが常識ですが、そうすると多数の物件情報が上がってきます。その中から賃貸営業マンに自分の物件を選んでもらわなくては、お客様へ紹介してもらえません。

そこで有効な手段となるのが、賃貸営業マンに直接会うこと。自分の物件資料を賃貸営業マンに見せながら説明し、深く印象に残し客付けしてもらうようにお願いします。

当然、時間を多く費やす作業となりますから、積極的に取り組んでくれる管理会社は少ないと思います。そのため、管理会社に対しては謙虚な気持ちでお願いし、業者回りの頻度を増やしてもらいます。その時に、相場や周辺の物件情報なども仕入れてもらうように依頼すると効果的です。

なお、周辺に不動産会社が１件しかない物件を購入するのは絶対にやめましょう。

入居率と賃貸仲介の不動産業者は密接な関係があります。なぜなら実際に入居先を探している人に、物件を紹介～内覧の案内～契約成立～という一連の紹介活動を行うのは不動産業者だからです。

とはいえ、不動産業者との関係を良好に保つために特別なことをする必要はありません。連絡を密に取る、小さなことで怒ったりしないなど、基本的なマナーを守ることが大切です。

また、不動産業者から良い意味で〝ひいき〟にされるためには、ある程度は不動産業者の担当者の裁量に任せます。たとえば、広告料をフリーレントに回すことも、「オーナーに確認をとらず、担当者個人で決めてください」と伝えてみるのも良いでしょう。

この方法であれば、その担当者のやる気を引き出せます。もちろん、この場合はしっかりと利益が確保できる範囲での対応が前提です。不動産投資を成功させるための大切なパートナーとして、不動産業者と付き合いましょう。

●単身高齢者の優遇

単身高齢者を優遇するメリットは、まず彼らを受け入れる物件が圧倒的に少ないので、仲介会社からの問い合わせが飛躍的に増加します。

入居中に関しては若い入居者と違い、部屋を傷めたりすることも少なく、たとえ退去されたとしてもリフォーム代が抑えられます。また、単身高齢者は受け入れ先が乏しいため、長期入居してくれる可能性が高く安定した家賃収入を受け取れます。

たしかに高齢者を受け入れるのは孤独死などリスクがありますが、昨今では単身の高齢者を見守るため、さまざまなサービスを提供している業者があります（家主型孤独死保険など）。こういった高齢者の安否を見守ってくれるサービスを併用して使うとリスクも回避できます。また、近隣に親族がいればさらに良いです。

●外国籍優遇

年々留学生が増えているのに対し、受け入れ物件は少数なので、外国籍優遇も視野に入れましょう。外国籍の方は留学生などをはじめ予算が限られているので、ルームシェアできる物件を探している場合が多いです。

たとえば２ＤＫ・賃料６万円を４名でルームシェアすることにより、１人当たり約１・５万円で済みます。

また、外国籍のコミュニティは広範囲なので、外国籍の入居者から新たな入居希望者の紹介を受けるケースが多数あります。さらに、外国籍のルームシェアについては「礼金を足す・家賃を割り増す」といったことも可能です。

こういった方々には特に家具・家電・無料Ｗｉ－Ｆｉの設置がある物件が人気です。

最近では、外国籍の契約者専用の賃料保証会社も見受けられます。賃料の滞納だけでなくマンションにおいてのお知らせや、部屋の不具合などの通訳まで貸主と借主の間に立って行う保証会社もあります。

●Ｗｉ－Ｆｉ設備

昨今はＷｉ－Ｆｉ（インターネット回線）が必要不可欠な時代です。パソコンはなくてもスマホやタブレットを使うため、Ｗｉ－Ｆｉを契約する入居者も増えています。

そういったニーズに応えるため、最近では「無料Ｗｉ－Ｆｉ設置済み！」とうたったマンションが数多く出てきました。

マンションの環境により異なりますが、Ｗｉ－Ｆｉの導入には初期工事費・ランニングコストがかかります。ＴＶを視聴する際に、共同アンテナではＪ：ＣＯＭやＢａｙｃｏｍといったケーブルＴＶを導入しているマンションは、同社のＷｉ－Ｆｉを設置する場合に初期工事費は無料となる場合があります。また、共用部に設置されている同社の設備の保守メンテナンスも無料で受けることができるようになります。

今はまだ、無料Ｗｉ－Ｆｉを設置しているマンションは空室募集の際、売り込み材料になり入居率も格段と上がりますが、近い将来はＷｉ－Ｆｉが設置されているのは当たり前の時代が到来します。値打ちのある今のうちに設置しておくのが賢明でしょう。

●宅配ＢＯＸ

無料Ｗｉ－Ｆｉと並んで急激に設置するマンションが増えてきているのが宅配ＢＯＸです。特にコロナ禍の影響でネット通販の利用も増加していますので、対面しなくても受け取りができる宅配ＢＯＸの需要が高まっています。

リースもあるのでお部屋だけでなく、こういった設備投資をしても費用対効果が上がります。

宅配ＢＯＸはダイヤル式・カード式・タッチパネル式がありますが、ダイヤル式は宅配業者が設定した番号を間違えてしまい荷物を取り出せないアクシデントがよく起こります。カード式は、カードが磁気不良を起こしやすく宅配ＢＯＸが開かないトラブルがあるため、私がお勧めするのはタッチパネル式です。

タッチパネル式とカード式は設置の際に電気工事も必要です。宅配ＢＯＸは20戸ほどある規模のマンションですと、設置費用込みで約１２０万円です。高額に思えますが、入居率・定着率ともに向上します。ここは投資する所なのです。

入居者の入れ替わりが減少し空室期間の短縮となりますので、しっかりと先を見据えたうえで検討することを推奨いたします。

宅配ＢＯＸを設置したことにより入居率・定着率がともに上がったマンションもあります。ただし、ゴルフバッグが入るような大きなサイズは需要が少ないので必要ありません。ご検討の際にはご注意ください。

普通借家契約のポイント

関西では賃貸借契約が自動更新の物件も多数あり、そうでない場合は賃貸借の契約期間が満了する２～３カ月前に入居者とオーナーへ、管理会社より契約更新内容を通知しています。その際は、契約更新料・火災保険更新・連帯保証人の確認・家賃の改定・条件変更等ができます。

令和２年４月１日より民法が改正されましたので、新規契約、契約更新の際は次の点に注意してください。

まず、連帯保証人債務の「極度額」が設定されることになりました。

更新手続がある契約でも、令和２年４月１日以降に更新する際は改正民法の適用を受けます。改正前は更新契約書に、連帯保証人の署名・捺印を求めていましたが、改正後では、連帯保証人に署名・捺印を求めません。

なぜかというと改正前であれば、契約者の債務の全額を、連帯保証人は支払いの責任を持たなければならなかったのです。それが改正後になると極度額が設定されるので、設定額以上の債務の請求はできなくなります。そのため、更新の際の契約書には、連帯保証人に署名・捺印を求めると改正後の民法の対象になるので「極度額」が必要になります。

契約の更新は新しい契約を締結するものではなく、あくまで「更新前の契約が同一性をもって継続していくもの」だと考えると、更新前の賃貸借契約対象として締結された連帯保証契約も、同一性をもって継続していくことになります。新たに契約を締結する必要はありません。

したがって、令和2年4月1日以降に既存の普通賃貸借契約が更新された場合でも、保証契約を締結するわけではないので民法の改正法は適用されないのです。

●自動更新には注意！

連帯保証人の契約は、賃貸借契約更新後に発生する賃料も保証する趣旨で締結されており、民法改正後に賃貸借契約が自動更新されました。

しかし、連帯保証人の契約については更新されずに、改正前に締結された契約がそのまま継続している場合には、民法改正後も改正前の民法が適用されます。そのため、極度額の定めがなくとも、連帯保証人の債務は無効にはならないとされています。

ここで読者の皆さんに確認します。自動更新契約で連帯保証人の確認はしていますか？

連帯保証人が亡くなっている場合もあり、契約者が滞納・無断退去・原状回復など債務があれば、連帯保証人が亡くなっているので回収は難しくなります。これらは契約更新時で保証人の確認をすることによりリスクが減ります。

また、保証人が亡くなっている場合などは、他の保証人を立ててもらいましょう。古い契約などは保証会社に加入されていないケースもありますので、代わりの保証人が用意できてもできなくても、家賃保証会社の加入を推奨します。

火災保険の更新をしていない、または無保険の入居者にも注意しましょう。

入居者の不注意による水漏れ事故が起こると、30～80万円ほど修理費用がかかります。なかなか修理費用を支払うことができないので大変です。

ですから賃貸借契約の更新と同時に保険の加入・更新確認をすることにより、そのような心配もありません。

賃貸で入居者に加入してもらう火災保険では、最低でも個人賠償・借家人賠償の保険金額１０００万円以上の保険を選んでもらうようにしましょう。

定期借家契約のポイント

取り壊し予定のある物件で入居者募集する場合は、定期借家契約を選択してください。とくに店舗の古い物件などを所有している場合は、定期借家契約にしておきましょう。店舗の場合は、高額な立ち退き費用が必要となりますのでご注意ください。その他、転勤で自宅を長期間空けるため、貸そうと考えている物件があれば定期借家契約も有効な手段です。

アパートの立ち退き費用は、大きさで異なります。1件につき約40万円かかるといわれており、これが10件ですと４００万円にもなります。また、なかなか退去をしてくれない人もいますので、取り壊しが遅くなり損害が発生する場合があります。

これに対しては定期借家契約をすることにより1年後には自動的に退去可能となり、立ち退き費用を支払う必要がなくなります。ただし定期借家契約にする代わりに、入居期間の賃料を下げるなど、入居者と良い関係をつくる必要があります。

注意点としては契約期間満了の通知義務です。契約期間満了の１年前から６カ月前に貸主側から通知をしなくてはいけません。通知を怠ると、その後に通知すれば、通知が賃借人に到達した日または通知の日から６カ月を経過すれば、契約の終了を賃借人に対抗できます。ただし、契約期間が１年未満であれば、通知する必要はありません。定期借家契約の場合でも、オーナーの了承を得れば再契約することが可能です。

契約書の特約事項

①原状回復に関する特約

令和2年4月1日に施行された民法改正により、原状回復の負担割合を明確にしなければならなくなりました。

国土交通省住宅局から「原状回復を巡るトラブルとガイドライン」というものが公表されています。これは、あくまで役所が出しているガイドラインであり、法的な拘束力はありませんが、訴訟になると裁判官は、原状回復費用を巡る裁判においてガイドラインを尊重した判断をしています。

このガイドラインでは、原状回復費用の金額の算定について次のように書かれています。

賃借人の負担については、建物や設備等の経年変化を考慮し、年数が多いほど負担割合を減少させることとするのが適当である。

くわしい説明は省きますが、このガイドラインでは法人税法上の減価償却の考え方を採用し、壁紙などは６年で残存価値が０円になるとしています。
しかし、なんとなく釈然としません。もし、この主張が正しいとすると、残存価値がないから壁紙にめちゃくちゃな落書きをしても、１円も原状回復費用を負担しなくて良いことになってしまいます。実は、この点についてもガイドラインには、次のとおりしっかりと書いてあります。

経過年数を超えた設備であっても、継続して賃貸住宅の設備等として使用可能な場合があり、このような場合に賃借人が故意・過失により設備等を破損し、使用不能としてしまった場合には、賃貸住宅の設備等として本来機能していた状態にまで戻す、たとえば、賃借人がクロスに故意に行った落書きを消すための費用（工事費や人件費等）などについては、賃借人の負担となる。

このように、たとえ残存価値がゼロでも、まだ使える設備等を破損したような場合は、元の状態に戻す費用を負担しなければなりません。具体的には、賃借人は壁紙などの材料費を負担する必要はありませんが、落書きを消したり、壁紙を張り替えたりする作業をする職人さんの工事費や人件費等を払わなければなりません。

最近は人手不足で、工事の人件費が割高になっています。狭い面積の壁紙の落書き消しや張り替えの場合には、材料代より人件費のほうがはるかに高額になるかもしれません。

結局は、壁紙の張り替え費用という名目ではなく、工事費や人件費といった名目で同等の金額を退去した方に請求できることになります。

②退去時クリーニングに関する特約

この特約を付けることにより、退去時にルームクリーニング代を請求できます。

クリーニング費用の目安として平米当たり800～1200円、1戸当たり平均3万円程度が妥当です。しかし、この特約を入れる際には次の3点を契約書に入れる必要があります。

- **特約の必要性があり、かつ暴利的でないとの客観的、合理的理由が存在すること。**
- **賃借人が特約によって、通常の原状回復義務を超えた修繕を負う義務について認識していること。**
- **賃借人が特約による義務負担の意思表示をしていること。**

例
【特約】
次の通常損耗や経年変化の修理費用は、入居者の負担とします。
（1）明け渡し後の貸室全体のクリーニング費用　3万円
（2）鍵の交換費用　2万円
（3）台所及びトイレの消毒費用　1万円

このように、経年変化や通常損耗によって汚れたり壊れたりした部分の修理費用を、賃貸借契約に明記された特約によって借主に負担させることは、最高裁判所も認めているところです。

ただし、注意しなければならないのは契約書への記載の仕方です。抽象的に「通常損耗や経年変化の修理費用は、入居者が負担とする」と記載しただけでは、特約の効力はありません。借主に経年変化や通常損耗によって、汚れたり壊れたりした部分の修理費用を負担させることはできないのです。

裁判所は、こうした特約が有効である理由として、賃貸借契約締結の際に借主が退去時に負担すべき金額が明示されていて、借主は、その金額を認識したうえで契約を締結したことを挙げています。

つまり、退去時にいくら費用がかかるとわかっていながら契約を締結したのだから、その特約は有効だとしているのです。

もっとも、金額を明示すれば何でも有効というわけではありません。最高裁判所の判例で、その金額が通常の修理費用の相場を大きく上回るような場合は、無効あるいは一部無効とされることがあります。

クリーニング特約の記載がある場合は、退去時に無条件でクリーニング費用を請求できますが、記載のない場合は「日常清掃を怠ったことによる汚損や借主の故意・過失による汚損がある場合のみ」となります。もちろん、キレイに使用されている場合は原状回復費用としてクリーニング代は請求できません。

③敷金返還に関する特約

敷金返還時の振込み手数料は、敷金から控除する旨を記載することで、少額ですが負担を減らせます。併せて敷金返還の際は、修繕費等を控除した金額を返還する旨を記載しておけば、請求時に修繕費の支払いもスムーズにまとまります。

④短期解約に関する特約

前述したとおり最近は入居募集の間口を広げるために、敷金ゼロ・礼金ゼロで募集する物件（ゼロ・ゼロ物件）が増えてきています。

この条件で入居者が決まり、３カ月で退去されたらオーナーは損をするしかありません。本来の礼金は、空室時の損失保証代・仲介手数料等を補うためのものですので、その礼金がゼロになる分だけ入居者には長く住んでいただきたいところです。

いわゆるゼロ・ゼロ物件は、賃料交渉に応じた契約などは借主に譲歩しているので、「短期解約違約金」の特約を設定してください。ただし（不動産業者は）重要事項説明をする際に、十分に説明することが必要です。

例１
敷金・礼金が０円のため契約日より、１年未満の場合は総額賃料の２カ月分、２年未満の場合は総額賃料の１カ月分を短期解約違約金と設定し、借主が貸主に支払うことにより契約解除できるものとする。

例２　※賃料が４万円程度の場合
敷金・礼金が０円のため、契約日より、１年未満の場合は10万円、２年未満の場合は５万円を短期解約違約金とし、借主が貸主に支払うことにより解約できるものとする。

⑤ペット特約

新築物件・中古物件購入時から「ペット飼育ＯＫ」の物件であれば良いのですが、入居率が低いために実行するのは大変危険です。

私はペットが大好きなので、できるだけペット飼育ＯＫにしたいのですが、中古物件で途中からペット飼育ＯＫに変更した場合、もともと住んでいる入居者が、「ペットが嫌い」「アレルギーがある」等の問題が発生し、クレームや退去につながることがあります。

私も猫アレルギーがありますので、ペット飼育ＯＫにするのであれば「小型犬、１匹飼育ＯＫ」にします。その際には礼金１～２カ月、ペット飼育費として月額３０００～５０００円を家賃に上乗せすることが多いです。

賃料が高めの物件に入居される方はペットを大事に飼われる方が多いので、部屋の損耗も比較的に少ないですし原状回復費用も回収しやすいです。

逆に、賃料の安いところでペット飼育をＯＫにしてしまうと、損耗など退去時にかかる費用が発生した場合、原状回復費を払えない入居者もいます。そのため「ペット飼育ＯＫ」にする際は保証金として１カ月分以上を預り、退去時の修繕費に備えるようにしましょう。

また「猫飼育・多頭飼い」ができる物件はとても少数です。

たとえば地域で１００件賃貸物件があるとして、「ペット飼育ＯＫ」のマンションが20件、そのうち「猫飼育・多頭飼い」できる物件は、わずか１件あるかないかです。こういった状況を考えるとリスクは高いですが、「猫飼育・多頭飼い」に特化した物件も非常に良いと思います。

なぜならペット可は同じような物件を探すのが困難なため、多少の近隣相場より高く賃料が取れるのと、併せて長期で契約する入居者が多いからです。

⑥禁煙特約

最近は喫煙する方も減ってきています。それでも賃貸借契約に至っては禁煙特約を交わしていないのが大半です。そもそもヤニ汚損は減価償却に関係なくクリーニング代として請求できます。

ところで皆さんは喫煙をされているお部屋の修繕について、クロスが大半だと思っているようです。

実は、クロス以外にコンセントカバー・換気口・換気扇・建具など多岐にわたって費用がかかるところがあります。そのため「室内禁煙」と特約を入れ契約することにより、リフォーム費用のコストが削減できます。

また、ベランダで喫煙される方もいますが、近隣より洗濯ものにタバコ臭がつくなどクレームもあります。

禁煙特約をつけることにより、退去立合い時に入居者が喫煙した形跡があった場合、ペナルティーも科しやすく、修繕費の支払いや請求もスムーズになり、改装費用が入居者からまかなえます。

特約などない場合は住んでいただいた年数にもよりますが、クロスなどは耐用年数が定められていますので、改修工事代金でオーナーが損をすることもあります。

例　禁煙特約
本物件【室内・ベランダ】での喫煙は禁止となっています。貸主及び管理者が、室内で喫煙されていると判断した際は、借主は貸主へ原状回復費及び、損害賠償を支払わ

なければなりません。

⑦フリーレント特約

空室対策の一環として、フリーレントを使っているオーナーも多数いると思います。

ただ、フリーレント期間３カ月の物件に対し、１年で退去の場合は、実質の賃料が９カ月分しか入ってこないことになります。

そこで特約に２年以内の解約は、フリーレント期間の賃料を違約金とする条文を盛り込みます。入居者が契約後１年で解約した場合はフリーレント期間３カ月分の賃料を支払う必要がありますので、万が一に備えて特約に記載することを推奨します。

契約が始まっていない時に、天災、トラブルなどが発生した場合のためにです。

フリーレント期間を設ける際は、特約を設ける以外にフリーレント期間はしっかりと明記しておきましょう。

例　２０２１年３月１日から２０２１年３月31日まで賃料を免除するものとする。

●店舗・事務所特化型の保証会社

「みんなが利用する保証会社だから」といって、良い保証会社とは限りません。

保証会社によっては保証しない内容がある場合もあります。そのため、最低でも2～3社くらいの保証会社を使うようにしましょう。または、3社以上の保証会社と代理店契約している管理会社に管理を任せることを推奨します。

●集金代行サービス

保証会社の集金代行サービスを使うことにより、保証会社が毎月の賃料を自動的に集金し、滞納分は手続を行わなくても保証会社が滞納者に代わり支払います。滞納の心配もなくなりますので活用してください。

ただし、このサービスを受けるにあたり保証会社の条件として、毎月の総額賃料が変動しないことを条件としている保証会社が多いです。

たとえば水道代を毎月オーナーが検針し、使用した水道料を入居者へ請求する形式を実施しているマンションですと、毎月の総額賃料が変動しますので、残念ながら集金代行サービスを利用できない場合があります。

●駐車場プラン

駐車場契約の場合は、事前に保証金を預かるケースが大半だと思いますが、最近の保証会社では駐車場のみでも加入できるサービスが出始めています。

契約時に保証会社へ加入することで、今まで事前に預かった保証金が不要となり、保管していた保証金の管理が不要になります。

また、駐車場の場合はいきなり無断解約をする賃借人もいます。ところが保証会社に加入していた場合は、万が一無断解約や滞納があっても、後はお任せできるので安心です。

リフォーム工事のポイント

●クロス・床材

内装で最初に目につくのがクロス（壁紙）です。

最近はアクセントクロスを貼るオーナーも増加してきました。アクセントクロスを使用しないオーナーは、内装に予算をかけられないのかなと思われることが多いくらいです。実際は真っ白なクロスを選ぼうが、目立つ色のクロスを選ぼうが、同じグレードのものであれば料金は変わりません。

すべて真っ白なクロスのお部屋より、一部の壁一面（柱でもＯＫ）を違う色のクロスにするだけで印象がぐんと良くなります。よく失敗しがちなのが、レンガ調や木目調などのクロスです。これは逆に安っぽくなるので私は推奨しません。

入居者によって内装の好みは変わりますが、賃貸物件の場合は勝手に壁紙を変えることができません。そこで、改装前のお部屋で客付けする際は、入居希望者にアクセントクロスを選んでもらえたら、イメージするお部屋のコーディネートもしやすくなります。

図表 5−1　タイル・CFの例

	CF（クッションフロア）	フロアタイル	フローリング
メリット	・低コストで施工 ・防水性・防汚性が高い ・色柄のバリエーションが豊富	・傷や変形に強い ・石目や木目などをリアルに再現し高級感がある ・色柄のバリエーションが豊富	・温かみがある ・調湿機能がある
デメリット	・物を置いた凹みが残る ・質感は他の床材に劣る	・クッション性はない	・高コスト ・メンテナンスが大変 ・そりや割れが起こりやすい
価格（6畳の場合）	安価で施工可能 30,000円〜	フローリングより安価	他の床材より高価 150,000円〜

おすすめはフロアタイルです。

CF（クッションフロア）に比べると施工費は上がりますが、CFはへこみや熱に弱く、一部張替えができないデメリットなどがあります。実際、3年間入居していただいたとして、リフォームする際にまたCFの張替えで3万円ほどかかってしまいます。

その点でフロアタイルですと、色や柄の種類が豊富で耐用年数も長いです。万が一床を破損しても、その部分のみ交換が可能なため、コストを抑えることができます。さらにCFに比べると、ぐんと高級感が増します。これがフローリングにしてしまうとコストは高く、一部張替えは不可、メンテナンスの大変さなど非常にコストがかかってしまいます。

●インターホン

セキュリティに対する意識からモニター付きインターホンに交換するメリットがあります。特に女性のお部屋探しでは防犯面を気にされます。

そこでオートロック付きの物件を探される方も多いのですが、これがあることにより共益費などが高くなる場合があります。

しかしオートロックが付いていなくても、それに準ずる防犯性能を備えているのがモニター付きインターホンです。取替える費用も、モニター付きではないものと比べてさほど変わりません。モニター付きインターホンに替えるだけで入居率も上がります。
ひと昔前まではモニター付きインターホン・備え付け照明・洗浄付き便座など付加価値設備でしたが、今では必須設備となっています。リフォームの際には、必ずモニター付きインターホンに交換しましょう。

図表 5−2　現在付加価値がある設備

1	インターネット無料
2	オートロック
3	浴室乾燥機
4	ウォークインクローゼット
5	ホームセキュリティ
6	独立洗面台
7	追いだき機能
8	宅配ボックス
9	防犯カメラ
10	24時間ゴミ置き場

図表 5−3　10年前の付加価値がある設備

1	TVモニターホン
2	独立洗面台
3	洗浄機能付き便座
4	備え付け照明
5	オートロック
6	ガスコンロ
7	ゴミボックス
8	インターネット無料
9	システムキッチン
10	BS･CSアンテナ

最近の新築賃貸物件は、**図表5－2**の付加価値の設備がほぼ備え付けられています。分譲マンションクラスの賃貸物件も今では普通に存在します。

図表5－3の10年前の付加価値がある設備に関しては、今ではほぼ必須設備となりつつあります。この設備は、オートロック以外は比較的安価な設備投資でできるものがほとんどです。できるだけ設備投資をして競争力をつけるように心がけてください。

●和室から洋室に変更

和室は最近、お洒落の観点から不人気です。特に若い年齢層は顕著にその傾向が表れてきています。そこで和室の洋室化を提案します。メリットとしては次の4つが考えられます。

- フローリングやタイルだと掃除がしやすくなる
- ダニやカビの発生によるトラブルの解消
- 退去時のリフォームで畳、襖の取替えが必要なくなる
- 入居率が上がる（空室期間が短くなる）

最初にコストはかかりますが、後々のコスト削減や空室期間の短縮など挙げられます。

●自転車置き場

自転車置き場が世帯数分確保されていない賃貸物件はたくさんあります。

特に自動車の駐車禁止を厳しく取り締まるようになってからは、入居者の自転車保有台数が増えました。最近では電動アシスト式や子どもを乗せる3人乗りなど高額な自転車を所有される方もいますが、自転車置き場が混雑しているため、仕方なく共用部分に自転車を置く方もいます。

駐輪場が足りない場合は、小スペースを活用した自転車ラックなどもあります。1台は無料で2台目以降は月額○○円等、駐輪場も賃料を取れば無駄に増えることもないのでお勧めです。

●駐車場（フェンス・ライン・番号）

意外と見落としがちなのが駐車場のフェンス・ライン・番号が汚い・薄くなってきた等が挙げられます。いくら外壁やエントランスがキレイでも、駐車場が汚い物件は多々あります。

もちろん目につくところも大事ですが、内覧をする際は駐車場に車を停めて各部屋に向かいますので、駐車場を気にする入居希望者は多いです。いくら部屋がキレイでも駐輪場・駐車場が荒れていると決まるものも決まりません。

完璧にするのは難しいですが、物件の価値を高めるために、人があまり手をかけない箇所も注力するのが有効な手段の一つです。

●庭・植栽

建物の見た目を良くするのに、植栽も景観をグレードアップする働きがあります。

もちろん手間はかかりますが、手入れが行き届いた樹木があれば、「すべてにおいて管理が行き届いている物件だな！」と好印象を与えるもの。築年数が経っている物件でも入居につながる確率が高くなります。

フラワーボックスや水やりタイマーの設置で、手入れを安価で手軽にする方法もあります。

●マンション名プレート

デザイン性の高いプレートにすることで、エントランスに高級感が出ます。すでに古くなってしまったものはぜひ交換してください。印象が違います。

ネームの文字プレートの裏からＬＥＤライトで照らす、上からスポットライトで陰影をつくるような照明の当て方をしても高級感が出ます。ただ明るく照らすだけの方法は避けたほうが良いでしょう。

これは空室へお客様を案内する際に、非常に効果の大きい演出方法の一つといえます。

火災保険の加入と重要性

基本的に入居者の火災保険への加入は必須ですが、どういう時に保険を使って対処できるのかを理解しておくことで、マンションオーナーの負担が減る事例はたくさんあります。まず、マンションオーナーが加入する建物の保険は、保険適用となった事故の件数が多いと、次回の契約更新時に断られることもあります。ちなみに保険金として支払われた金額は関係ありません。

例

- **保険金1万円の事故が1年の間で80回。1年の間で合計の適用金額が80万円↓更新を断られる可能性あり**
- **保険金100万円の事故が1年の間で1回だけ。1年の間での適用金額は100万円↓問題なく更新可**

※あくまでも例です。保険会社や今までの契約年数、実績、プランによって金額や回数は異なります。

このようなケースもありますので、入居者の過失の場合は入居者自身の保険で対応していただくようにし、さらに少額で収まる事故の場合は保険を使わず入居者の自己負担とすることも検討するようにしましょう。

ここからは入居者が加入している保険適用のみになるのに、あまり知られていない事故を２件ほどご紹介します。

●ベランダ掃き出し窓のガラスの亀裂

ガラスは経年により熱割れする場合がよくありますが、実際には熱割れによる破損なのか外部から負荷がかかった原因による破損なのか判断は難しく、マンションオーナーと入居者とでもめることが多々あります。

このような事故は話しがまとまらないうえに入居者との関係が悪くなり、退去率を上げてしまう要因をつくりかねません。

そんな時に入居者が加入している保険が使えます。ただし、割れた原因を違う角度から見直す必要があります。

経年劣化による熱割れ、もしくは入居者の過失による破損以外の原因として考えられるのは、外部からの飛来物による破損です。

この場合は破損していないことを確認した最後の日と、破損していることを発見した日を入居者に思い出していただきます。外部からの飛来物による破損ですと、入居者の保険が適用されますので、双方とも費用の負担なく解決することができます。

●排水の詰まり

入居者から、「排水管が詰まり、排水口から水が溢れて部屋が水浸しに！」といった内容で保険を使用する場合、マンションオーナーなら建物保険を利用しようとするのではないでしょうか。

実は入居者に加入していただいている保険でも適用となる場合があります。ただし、その場合は入居者の過失による詰まりであることが条件となります。

マンションオーナーは排水管の経年による汚れのために詰まったのか、入居者の過失による詰まりなのか、もしくは経年による汚れがあったために入居者のちょっとした過失で詰まってしまった……。正直、判断はつきにくい場合が多いものです。

コラム

ハワイ不動産投資のすすめ

日本人が大好きなハワイ、旅行だけでなく不動産も魅力があります。ハワイ不動産は特に富裕層に人気を博しています。

ハワイで投資の対象となる不動産は、戸建て・コンドミニアム・ホテルコンドミニアムの3種類に分けられます。さらに戸建ては「海沿いの物件」「山よりの物件」「住宅街・街中の物件」の3種類があります。

海沿いの物件に関しては、外国人が買える地域が一部に限られています。そのエリアの物件価格は希少価値があるため、将来的に価値が下がる可能性は低いといえます。10年前は5～6億円でしたが、現在は10億円以上まで上がっています。

住宅街や街中では、投資して良い地域、悪い地域があり、これはハワイも日本と同じです。学校区が良く夜景が見えるエリアや、海が見えるエリアなどは価値が高く投資に値する地域です。

実はハワイといっても人気のないエリアがあります。たとえば、ダウンタウンや中華街のような立地です。それでもハワイは高いので、これらのエリアでは投資を控えておくのが賢明です。

コンドミニアムは、基本的には実需向け（自身の別荘向き）ですが、貸すこともできます。ただし貸す場合は、民泊・ゲストハウスのように短期で貸せることがありますが、その場合はいくつか条件があります。ワイキキの一部だけは期間が数日から貸せますが、少し離れると1～6カ月以上でなければ貸せない地域になります。

また、賃貸に出すと固定資産税（Ｐｒｏｐｅｒｔｙ Ｔａｘ）が高くなり、自分が住めば安くなります。つまり、使い方によって固定資産税の額が変わるのです。このようにアメリカの固定資産税は用途によってルールが異なるので、その点を把握しなければなりません。

私はハワイに不動産をいくつか所有していますが、その理由は価格が下がらないからです。前述したように戸建て・コンドミニアム・ホテルコンドの3種類がありますが、実需系に関しては「今まで下がったことがない」と言われるほど値下がりをしていません。

その理由は「世界のハワイだから」。つまり需要が多いからです。

日本国内の不動産の場合ですと、やはり日本の景気に左右されます。しかしハワイの不動産は日本の景気が悪くても、別の景気の良い国の人たちが買います。そもそも島が小さいので誰かが常に買う状況なのです。

ハワイ不動産の利回りは３％程度です。決して高くありませんが、キャピタルゲインは狙えます。ちなみに、ハワイの古い不動産はかつて減価償却に使われていたのですが今では使えません。だからといって買う人が減るわけではありません。それ以上にハワイには世界が惚れるほどの魅力と需要があるからです。

一番の狙い目は実需ですが、私はやはりコンドミニアムです。「海外不動産だからダメ」という固定観念は捨てましょう。どこでもチャンスはあります。

第6章

目指すべきゴール

借入なしは最強!!

第1章でも「借入ゼロが最強」という話をしましたが、大切なことなので繰り返します。はっきり言います。借入なしは最強です。

あなたが現在、家賃年収3000万円あるとします。借入はありません。投資エリアは④・⑤の物件です。この状況を想像してください。

借入がゼロとは、利回り8％なら3億7500万円の物件を保有している状態と同じになります。積算を悪く見ても、約2億6000万円の価値があります。その2億6000万円を20％の頭金と考えても、13億円の物件を買える人です。これに給与所得1000万円あればもはや最強です。

一方、家賃収入1億円、借入10億円という人がいたとします。

さあ、あなたはどちらのほうが良いと思いますか？

どう考えても前者、つまり家賃収入が少なくても借入ゼロの人のほうが良いわけです。

むろん、簡単にそのステージへいけませんが、目標としては将来この状態にするのがベストだと思います。また、それからも今まで以上に規模を大きくすることができます。

つまり、優先すべきは家賃収入に対しての借入の低さなのです。

【パターンA】

借入なしで家賃年収が3000万円の人であれば、たとえば10億円の物件を買おうとしたとき、評価が7億円しかない場合でも、所有物件の一部を担保に入れれば良いだけの話です。

10億円の物件で利回り8％だと、家賃収入は8000万円です。評価は7億円なので買えませんが、担保を3億円分入れます。

現状3000万円の家賃収入がありますから、8000万円を足すと1億1000万円です。それで借入が10億円になるので、金融機関にとって「この人は利回り11％で担保もしっかりした顧客」になります。

会社全体で見ると、借入10億円、担保価値7億円ですが、共担も入れるので3億円の担保価値を足して、担保価値10億円、借入10億円となります。そして利回り11％です。

返済率も合いますから、さらにまだまだ買い進めることができます。このように、借入がゼロは最強なのです。

【パターンB】

ここからがパターンBです。

入れた家賃収入3000万円、借入ゼロの物件を売却します。利回り8％で売ると、約3億7000万円です（わかりやすくするため、税金の計算や諸費用は割愛しています）。この3億7000万円を頭金にした場合、18億5000万円の物件が買えることになります。

そこまでの金額ではなくて、仮に、10億円の物件を買うのに、3億7000万円を頭金にして買うとします。10億円の物件で利回り8％であれば、家賃収入は8000万円です。でも借入は、10億円から3億7000万円を引きますから、6億3000万円の借入で8000万円の家賃収入が発生するわけです。

このような立ち位置になれば、増やそうと思えば物件を買い増しして棟数を増やせますし、現金にもできます。売って新たなより良い物件を、買える状況にもなります。

しかも規模の大きな物件の、融資ができるようなスコアリングになると、借入金利が低い規模の大きな金融機関で、ロットの大きな融資が可能となります。

一般的には、信金・信組では3・0％前後、地方銀行では1・0％前後、都市銀行で0・5％前後での借入れ可能です。さらに上の、信託銀行での取引可能になれば、金利0・3％で融資を受けられます。実際、私は現在、都市銀行から0・55％で借入しています。

私個人の場合、売って税金を引いて数億円は残ります。そのお金で50億円程度のビルを買うこともできます。そのビルに皆さんがテナントを借りに来て、家賃収入のみで悠々自適な生活も可能だろうと考えます。

話しを戻しましょう。何度も言うようですが、借入ゼロの家賃収入3000万円は、無敵の状況です。家賃収入1億円、借入10億円の人よりもはるかに価値があります。しかし、この事実を知らないので、家賃収入1億円、借入10億円の人のほうがすごいと思ってしまいます。

ちなみに借入ゼロの家賃収入3000万円の場合、④・⑤の物件であれば売却は3億7500万円ですが、もし①・②の物件だったら、さらに最強となります。利回り5・6％程度で売却可能になり、売却の試算は8％から5％の計算に変わりますので、6億円程度で売れます。このパターンを展開できるのがベストです（利回りはあくまでも目安です）。

所有物件を築浅に入れ替える

所有物件を築浅に入れ替えることは、「積算評価を残している」と言えます。

たとえば借入ゼロ、家賃収入３０００万円の場合、これはこれで最強なのですが、④・⑤で築年数が経っているとあまり評価が出ません。しかし、築浅の物件なら残存期間も残っているので高い評価が出るうえに売りやすいです。

この状態になったら、むろん、会社・個人のバランスで変わりますが、築年数で利回りが低くても構いません。普通、築浅は物件価格と単体の評価の差異により、そんなに買えませんが、４億円近く持っていれば2億円ずつ増やしていくと積算が追いつきます。

そういう意味で、④・⑤のエリアに築浅ＲＣマンションを持つのが最強です。残存期間がある、お金はある、評価もそこそこ高い。この状況なら金融機関からのスコアリング（格付け）がＭＡＸに上がり、「ぜひ、金利０・５％で借りてください！」とお願いされるくらい強い状況になれます。目指すゴールの1つと言えましょう。

企業が粉飾決算をする理由

時々、「粉飾決算」という言葉を耳にします。上場企業でも稀に粉飾決算をしたとニュースで話題になることがあります。売上げが悪くなると、その企業の株価も下がります。株価が下がるということは時価総額、いわば会社の価値が下がるのです。状況にもよりますが、ひどい場合は、その金融機関は債権を別の金融機関に売る可能性があります。

極端なたとえですが、０・５％で貸していたとします。業績が悪くなり債権譲渡され、金利の高い金融機関に売られたとします。金利は２％程度になるとします。１００億円を借りていたら金利０・５％は５０００万円ですが、それが金利２％になると２億円になります。

つまり、今だったら５０００万円の金利でいけるのが、決算書が悪くなり債権譲渡されると２億円になり、１億５０００万円も増えてしまうわけです。

それが怖いから「自分の会社は大丈夫だから安心して、今のまま低い金利で貸してくださいね」と伝えるために粉飾決算をする場合があるのです。

第2章で紹介したBさんが都市銀行ではなく、高金利の信用金庫でしか借りられないのは、この理屈があるからです。業績が悪いか、バランスが悪くなって良い融資条件の金融機関で借りられなくなってきたわけです。

Bさんのように借金が膨れ上がったら、前述した金融機関の限度額も影響します。ですから、本来であれば手持ちの物件を半分くらい売って、20億円、30億円のビルを買えば良いのですが、高利回り主義ゆえに、そのような投資法はできないでしょう。

結局「融資が出るところへ積極的に行きましょう」と言って、高金利の信金・信組でしか取引していません。

本来のあるべき姿は、規模が大きくなればなるほど、より良い金融機関にて、低い金利にて借りられるはずです。

それが逆に進んでいるのは、決算内容が悪くなっている証です。普通は都銀に行かなければならないのに、その下の金融機関から借りなくてはいけないのは決算内容が悪いからです。

ちなみに私は、先日3億1000万円（評価額2億4000万円）の物件を買おうと検討しておりました。売り止めになってしまい、購入はできませんでしたが、都市銀行に頭金いくら必要か調べてもらったら、頭金ゼロの融資が満額出るとのことでした。共同担保も必要ありません。やはりバランスが良いからです。

今の時代は自己資金を基本２割入れるのが通常ですが、決算書が良ければフルローンも組めるのです。金利も０・55％と破格の低さです。

加えて私は、個人の借入のない物件がありますから、金融機関からすれば上客です。私は常に金融機関にとって上客になるように努力しています。

桁の大きな投資にチャレンジしよう

私は個人で不動産投資をしていますが、宅建業者でもありますから、大きな金額の取引は日常茶飯事です。

億単位の建物を買って売ることもしています。私の知っている会社では「40億円のビルを買ったら70億円で売れた」と言っていました。ファンドが買ったそうです。

ライバルがいないと、これくらいのことは現実に起こります。10億円が13億円で売れたといっても桁が大きいだけで、割合でいえば、100万円が130万円で売れたのと同様です。

現在ファンド系は、東京の物件を利回り3％で買うそうです。つまり、6％で20億円の物件を買ったら40億円で売れる可能性があるのです。

そんなわけで、私は大阪の物件を利回り5・5％以下で売ろうかと考えています。相場でいえば大阪の5％は東京の3％とイコールです。

まずは6億5000万円で売り出すつもりですが、おそらく6億円になりそうです。

6億円だと残債2億円なので4億円、税金を払って手元に残るのが約2億5000万円です。

1億5000万円を繰上げ返済して、返済が約250万円ですから、年間で3000万円減ります。この3000万円は返済分なので税金はかかりません。3000万円のキャッシュが去年より今年のほうが残ることになります。

繰上げ返済をして借入が少なくなることで、会社のバランスがさらに良くなります。そこで金融機関に金利の引き下げ交渉をして、年間500万円ほどプラスになります。そこに繰上げ返済によって返済がなくなった分の3000万円を足すと、合計3500万円のキャッシュが新たに生まれることになるのです。

この仕組みを大半の人は知りません。だからひたすら買い増ししてバランスが悪くなって、金利の高い金融機関しか相手にされなくなるのです。バランスは非常に重要です。

私の投資手法は「良い場所で良い物件を買う」という非常にシンプルなものです。

加えて、「高利回りにこだわらない」「ハイレバレッジにこだわらない」ところが大きなポイントです。また、一般の投資家が執着する部分には余りこだわりを持ちませんが、「5点バランス」にはとことんこだわるようにしています。

「1年で○億稼ぐ！」というような魔法のようなことは起こりませんが、安全で確実な方法であることは間違いありません。

この時期にはできて、この時期にはできないという市況に乗った投資手法もありますが、そういった再現性のないものではありません。不動産投資で目指すのは錬金術ではなくて、着実な成長と確実性の高い成功なのです。

おわりに

私はこれまで本も読まずセミナーにも行かず、師匠もいない状態で行き当たりばったりで投資をしてきました。むろん、スムーズにここまで来たわけではありません。失敗もたくさんしています。

またリーマショックや不動産ミニバブルで、いろんな人を見てきました。いつの間にか姿を消した人も数多くいます。そうした中で、不動産投資を続けた結果、今日に至ります。私は本書で解説した都市型投資に加えて、海外不動産・太陽光発電・民泊など、さまざまな不動産投資を経験しています。もし当時の私が現在の知識を持っていたら、今の3倍は稼げているはずです。しかし、過去に戻ることはできません。

ですから今、行き詰まって苦しんでいる人、または効率良く買い進んでいきたい人に対して、私の「実績から培った不動産投資手法を伝えたい」と考えたのが、本書の執筆のきっかけとなりました。

本書を通じて出会った読者の皆さんには、ぜひ成功していただきたいと考えています。

本文でも書きましたが、よくサラリーマン投資家の皆さんから、「仕事を辞めたい」という声を聞きます。しかし、私は皆さんに「本業を簡単に辞めないで」と助言しています。なぜなら給与所得がないと法人・個人の評価が低くなる人が多いからです。

投資規模（借金の金額）やキャッシュフローだけを見て、辞めることを勧める人・辞めようとしている人は、近い将来に融資が停滞する状態へ陥ることは明白です。買えても以前よりスピードが遅くなります。

ただ誤解してほしくないのは、私は一概に、「辞めないでください」と止めているわけではありません。辞めても融資が受けられる人・辞めても現在と変わりがない人・現金がある人・すでに目標に達している人なら辞めても良いでしょう。

それでも現在の賃料収入だけの人と、給料と賃料収入の両方の収入では、キャッシュフローや収入が大きく異なります。収入が多ければ多いほど物件を購入できますし、自分の目標とする賃料収入・キャッシュフローに早く近づくことができます。

そして自分自身のゴールをしっかりと定めてください。たとえば年間賃料収入の目標が2000万円であれば、一般的には2億円以上の借入が必要です。それを約30～40％の6000～8000万円の借入に減らせるまでは働いてください。この借入額になれば、まず人生を失敗することはないと思うからです。

私はこれまで「簡単に楽に稼げる」という甘い考えで不動産投資を始め、後に大変なことになっている人を何人も見てきました。取り返しのつかない状況に陥ってからでは、修復ができません。だからこそ、自身のあるべき姿を慎重に考えていただきたいのです。

最後に、私は不動産投資が最高に面白くて価値のあるビジネスだと確信しています。やり方さえ間違えなければ、自分が理想とする未来が待っています。趣味や家族との時間もつくることができます。

そのためにも、不動産投資は必ず自分自身で学んでください。むろん簡単ではないですが、高卒の私でもできるのです。きっと皆さんにもできるはずです。そして、1日でも早くゴールに近づくようにがんばってください。

本書の執筆に際して、たくさんの協力をいただきました。かかわってくださった皆様に感謝を申し上げます。

2024年9月吉日

中せ　健

本書購入者限定

特典付 LINE講座のご案内

本書をご愛読いただけた方限定で、実際に「都市型不動産投資に取り組みたい・切り替えたい」と思ってくれた方のために、書籍では詳しく書けなかった、「地域評価」「融資情勢」「都市・地方の違い」「リフォーム」「売却」「税金」などのテーマに沿って、都市型不動産投資の全てを公開する“特別LINE講座”を特典とともにプレゼントいたします。私の不動産歴25年の情報はとても書籍一冊に書き切ることはできませんでした（笑）。LINE講座を、ぜひ本書と併せてご活用ください。

特典内容

特典1 中せ監修　関西・関東の地域評価図をプレゼント

関西は大阪府・兵庫県の各駅に、関東は東京都と神奈川県に私自身が地域評価をし、1〜10までの番号をつけました。簡単に言うと、1が最も良い場所で10が最も悪い場所です。関西関東に詳しくない遠方の方や、土地勘のない方でも、この地域評価図を見れば買って良い場所かどうかが、一瞬でわかるようになります。また所有している物件が何番にあるか、この表を元に調べてみてくださいね。徐々に1・2に近づけていきましょう!

特典2 都市型不動産投資セミナーにご招待

私の所有物件である、新築・中古・区分・海外不動産をいくらで買って、利回りはいくらで、どこで融資をつけたのかなど全てを公開し、入居率と満足度を上げ退去率を下げるリフォーム方法をビフォーアフターの写真付きで伝え、さらに都市型不動産投資を進めるために必要なUターン戦略をより詳しく解説する特別セミナーにご招待します。1年に数回だけしか行っておらず、また少人数制ですので、ご注意ください。

QRコードを読み取って

【公式】中せ 健を友達追加！

書籍購入者限定

●著者紹介

中せ　健　不動産投資家

（なかせ けん）

1973年生まれ。和歌山県出身の実業家・不動産投資家。定時制の高校に通いながら、17歳で鳶（とび）職人になる。卒業後は美容学校へ進学、その後、美容師になるも、22歳で不動産業に転職。賃貸仲介の営業マンとしてスタートして、その2年後、24歳で独立。26歳でドコモショップ経営、主に賃貸仲介と競売を取り扱う不動産会社を設立する（現在は売買仲介・賃貸仲介・海外不動産・建売・買取、管理・リフォーム・太陽光・コンサルタント）。不動産投資は27歳から開始。大阪市内を中心に一棟物件を複数購入、現在の投資規模は40棟700室、太陽光5000坪。家賃年収7億円以上、借入は法人35億円。2019年より小嶌大介氏率いる「ビンテージクラブ」に講師として参加。宅建業者でありながら都市型一棟投資を進め、中上級の個人投資家に対して「さらなるステージへのステップアップ」をサポートも行っている。2021年より不動産投資家コミュニティ「Platina　Investor Club」を主宰。

編集協力　布施ゆき

都市型不動産投資戦略【改訂版】

2021年 9 月 5 日　初版発行
2021年11月18日　初版第 2 刷発行
2022年 5 月26日　初版第 3 刷発行
2023年 3 月19日　初版第 4 刷発行
2024年10月 5 日　改訂第 2 版発行

著　者　　中せ　健
発行人　　今井　修
印　刷　　亜細亜印刷株式会社
発行所　　プラチナ出版株式会社
〒104-0031　東京都中央区京橋 3 丁目 9-7
京橋鈴木ビル 7 F
TEL　03-3561-0200　FAX　03-6264-4644
http://www.platinum-pub.co.jp

ISBN 978-4-909357-99-1